Ludwig Burgdörfer

Himmelfahrt für Aufsteiger

Heiter-nachdenklich durchs Kirchenjahr

BRUNNEN
Verlag Giessen · Basel

© 2013 Brunnen Verlag Gießen
www.brunnen-verlag.de
Umschlag- und Innenillustrationen: Johannes Töws
Umschlaggestaltung: Sabine Schweda
Satz: DTP Brunnen
Druck: CPI – Ebner & Spiegel, Ulm
ISBN 978-3-7655-4209-1

Meinem Doktorvater
Prof. Dr. Walther Eisinger
in Dankbarkeit gewidmet

Inhalt

Sommerzeit: Wachsen und reifen

Erntedank: Ernten und danken

Reformationstag: Dazu stehen und bekennen

Buß- und Bettag: Büßen und beten

Am Ende des Kirchenjahres: Trauern und trauen

Vorwort

Die Idee kam Anfang der 1960er-Jahre aus England.
An der Sporthochschule in Köln wurde sie erstmals
vorgestellt.
Ein Kreislauf der ganz besonderen Art.
Eine Zusammenstellung von Leibesübungen,
ein Rundgang mit erheblicher Konditionssteigerung.
Zusammengestellt für ganz bestimmte Sportarten und
Zielgruppen.
Das Besondere daran:
Ganz viele Leute können gleichzeitig,
mit- und nacheinander
an den Start gehen
und unterwegs sein.
Ziel ist es in jedem Fall,
die Kraft, die Ausdauer, die Fitness
kontinuierlich zu verbessern.
Von einer Übungsstation
zur nächsten
im ganz eigenen Tempo unterwegs,
bestimmt jede Person,
wie viel,
wie intensiv es
in der vorgegebenen Zeit
geht,
gut geht,
ehe es weitergeht.

Die Anordnung ist professionell so aufgebaut,
dass nacheinander
alle Muskeln
und Gelenke
und Körperteile
gefordert und gefördert werden.
Da bleibt kein Auge trocken.
Da kommt alles einmal an die Reihe.
Während gerade die Arme verschont bleiben
und deshalb der Schmerz dort etwas nachlässt,
werden die Beine bis zum Gehtnichtmehr
trainiert.

Anfänglich waren es genau 24 festgelegte
Übungseinheiten,
die sich die beiden Engländer Morgan und Adamson
an der Universität Leeds ausgedacht hatten.
Klimmzüge, Armkreisen, Liegestützen,
Kniebeugen, Luftsprünge
und große Würfe aller Art
standen auf dem stolzen Programm.
Ich selber
habe es in meiner Schulzeit intensiv kennengelernt.
Und ich mag es noch bis heute leiden!
Ich habe es immer
„die Passionsspiele"
genannt.
Und ich weiß noch ganz genau,

wie es in der Turnhalle danach,
nach dem Zirkeln, gerochen hat.
Es war für mein subjektives Sportlerempfinden
eine ausgesprochen spezielle Art der Folter.
Im offenen Vollzug der Übungen
wäre ich
jedes Mal
mehrfach bereit gewesen,
jedes Geständnis abzulegen,
um nur bald wieder freigelassen zu werden.
Indessen gab es keine Gnade.
Schade!

Schon beim gemeinsamen Aufbauen der Stationen
wurde ich regelmäßig von Fluchtgedanken heimgesucht.
Und wenn wir dann zwei Stunden später sehr
schweigsam
nach zwei Runden
zurück zum weiteren Unterricht schlichen,
konnten manche vor lauter Muskelkraft kaum noch
gehen.

Trotzdem war das Zirkeltraining immer gut,
allein schon für die Kondition!
Es ist ein Erfolgsmodell. Eine geniale Idee.
Und deshalb hat es sich fraglos etabliert
und ist einfach zum unverzichtbaren Teil
der körperlichen Ertüchtigung geworden.

Auch wenn mein eigenes Talent dafür weniger
als strahlender Beweis herangezogen werden kann,
ich muss einfach zugeben,
dass dieses Konzept absolut aufgegangen ist.
Gezielt und pointiert
wird eben der ganze Körper durchtrainiert und
gestärkt.
Eine runde Sache,
absolut förderlich für alle,
die frisch, fromm, fröhlich und frei
unterwegs sein wollen
nach alter Turnerart.

Und genau deshalb
ist dieses Modell auch so wunderbar geeignet,
um sich den Kreislauf der christlichen Feste
und Feiertage anzuschauen
und sie regelmäßig zu begehen.
Alle Befindlichkeiten unseres Menschseins werden da
alle Jahre wieder
absolviert und angeschaut.
Nacheinander
schreiten wir
gemeinsam
in jedem neuen Kirchenjahr
das ganze Spektrum der Befindlichkeiten ab,
von der Geburt bis zum Tode.
Alles kommt da nach und nach vor.

Nichts wird ausgespart, verschwiegen, ausgelassen,
tabuisiert.
Wirklich alles an Lust und Frust,
Liebe und Leid,
Leben und Sterben
zieht da an uns
vielsagend vorbei:
Advent: Starten und warten,
Weihnachten: Leben schenken und feiern,
Passion passiert: Leiden und fasten
und so weiter.

Was für ein Parcours!
Wie viele Stationen!
Wo überall wird da
angehalten, nachgefragt, überlegt,
bedacht, geübt, gesucht, geprobt.
Ein Trainingslager für die arme selige Seele.
In alle Farben des Regenbogens verpackt,
läuft das Kirchenjahr mit uns
Runde um Runde
und führt uns hinein
in das Konditionstraining unseres Glaubens.
Und immer wieder,
wenn wir am Ende angekommen sind,
gibt es eine neue Chance,
sagen wir A
wie Advent

und fangen wieder von vorne an,
uns noch mehr und noch intensiver zu üben
in den einzelnen Bewegungsabläufen
des alten und doch immer neuen Credos.
Und die Kriterien des Zirkels bewähren sich auch hier:
Es können immer gleichzeitig
wirklich viele kleine Leute
an vielen kleinen Orten
mitmachen
und ganz große Dinge tun.

Es geht ganzheitlich
um alle Übungseinheiten
des Leibes Christi.
Und bis zum Ziel
sollen möglichst viele Athleten
wirklich konditionsstark
durchhalten,
den langen Atem haben
und trotz aller Kreuzschmerzen
genug Kraft und Durchhaltevermögen besitzen,
um den gesamten Lebenslauf zu bewältigen –
inklusive Muskelkater in der Seele.

So wird unser Glaube
als Lebensdisziplin
ständig in Umlauf gebracht.
In den Krafträumen der Kirchen und Gemeinden

finden wir uns regelmäßig zusammen
und arbeiten an unserer Fitness,
damit uns im Lieben
und Hoffen
nicht zu schnell
die Luft und die Lust vergehen.

Auf die Plätze!

Advent: Starten und warten

Anfänger

Als Autoaufkleber oft gesehen,
dieses Wort: *Anfänger!*
Will sagen:
„Pass auf!
Ich übe noch!
Halt Abstand!
Rechne mit
meiner Unberechenbarkeit!"
Mildernde Umstände
für Anfängerfehler.
Aller Anfang ist schwer.
Und lange her!

Für vieles ist es womöglich zu spät,
noch mal anzufangen.
Und es gibt genug Dinge,
da sind wir schon lange keine Anfänger mehr.
Wir können Fahrradfahren,
lesen und schreiben,
schwimmen und abtauchen,
sehen zu,
wie alles gehen und stehen kann.
Wir machen Steuererklärungen
und fahren riskant auf der Autobahn,

wir sind geübt im Job
und haben Routine im Haushalt.
Und trotzdem gibt es Bereiche,
da sind und bleiben wir
blutige Anfänger.
Will sagen:
„Pass auf!
Ich übe noch!
Halt Abstand!
Rechne mit
meiner Unberechenbarkeit!"

Auch mit dem Buchstabieren
durch das Kirchenjahr
fangen wir immer wieder
von vorne an
und sagen:
A – wie Advent!
Wie gut,
dass wir damit noch einmal anfangen können.
Nicht auszudenken,
wie das wäre,
wenn es für uns
alles nur einmal
und nicht wieder gäbe:
einmal Advent,
einmal Weihnachten,
einmal und das war's.

Einmal eine Liebeserklärung,
einmal einen Kuss,
einmal gestreichelt
und einmal gestritten.
Nur einen Versuch für alles.
Das wäre fatal.
Festhalten und loslassen,
begreifen und ergriffen sein,
alles, alles
müssen wir üben,
noch mal machen,
wieder und wieder
wiederholen
neu anfangen,
von der Kinderwiege
bis ins Sterbestübchen.
Alles will erprobt werden,
und verändert.

Voriges Jahr im Advent
waren wir bloß atemlos,
diesmal machen wir Atempausen.
Letztes Weihnachten
wollten wir Harmonie
wie nie,
diesmal sind wir
weniger gefährlich
und ehrlich.

Anfängerglück ist das,
noch einmal anfangen zu dürfen,
noch einmal Advent zu feiern.
Wir haben noch einen Versuch,
mindestens einen!
Mach's wie Gott.
Fang noch mal an.
Buchstabier dir
deinen Glauben
noch mal von vorne.
Es genügt völlig,
dass wir einen Anfänger haben,
der sich schon Vollender nennen darf.

Adventsstimmung

Zuerst hat es ihm die Sprache verschlagen.
Zacharias kann es nicht glauben.
Obwohl er von Beruf ein Gläubiger ist,
ein Priester nämlich,
ein hauptamtlicher Diener Gottes.
Aber das heißt noch gar nichts!
Er und seine Frau Elisabeth sollen ein Kind bekommen
auf ihre alten Tage.
Beim Tempeldienst ist ihm ein Engel erschienen
und hat alles vorhergesagt.
Johannes soll er heißen
und ein ganz Großer werden.
Aber auch ein Priester kann zweifeln.
Ungläubig schüttelt Zacharias den Kopf.
Prompt befällt ihn die Sprachlosigkeit.
Da fehlen einem Mann die Worte.
Wenn nämlich Gott dafür sorgt,
dass etwas Unglaubliches auf die Welt kommt,
dann ist ihm unser Zweifel gewiss.

Wir können uns ganz schlecht vorstellen,
dass sich an unserem Leben
und an dieser Welt wirklich noch einmal
was Gravierendes ändert.
Irgendwie sind wir da ziemlich still und stumm.
Aber ohne Visionen gibt es keinen Advent.

Ohne die Idee von etwas ganz Neuem
bleibt alles beim Alten.
Advent findet nur statt,
wenn wir alles für möglich halten,
wenn wir das, was hier und heute scheinbar
unverrückbar
und unabänderlich ist,
nicht für das Letzte und Einzige halten,
was um Gottes Willen geht.
Advent geht nur,
wenn wir davon ausgehen,
dass Gott noch viele Pläne hat
für uns,
für unser aller Leben,
für unsere Gemeinde,
für die ganze Kirche,
für dieses Land,
für diese wunderbar schöne und wahnsinnig gefährdete
ganze Welt.

Wer Advent feiert,
kann das nur mit einer gehörigen Portion Erwartung
auf die Ankunft von ganz Unglaublichem.
Wer also davon ausgeht,
schon alles zu wissen,
schon nichts mehr zu wagen,
schon mit allem und jedem abgeschlossen und fertig zu
sein,

dem geht kein Licht auf,
schon gar kein Adventslicht.

Ein Pfarrer hat erzählt,
er habe im Advent Besuche bei Menschen gemacht,
die besonders alleine und einsam waren.
Und da habe er an einer Wohnungstür geklingelt
und deutlich vernehmbare Schritte und
Geräusche gehört.
Bis dann auf einmal jemand gerufen habe:
„Ich erwarte niemanden!"
Und da sei er eben wieder gegangen.

Die Frage ist also für Zacharias und uns alle:
Was erwarten wir noch?
Wie viele Visionen gehen uns durch den Kopf?
Was haben wir auf dem Herzen an Zukunft und
Hoffnung?
Rufen wir, ohne uns zu öffnen:
„Ich erwarte nichts und niemanden mehr?"
Da kommt nichts mehr?

Machen wir es wie der alte Zacharias
und schweigen alles tot,
was da womöglich auf die Welt kommen will?
Das wäre dann das Gegenteil von Advent.
Zacharias im späten Stimmbruch
hält den Mund

und den Atem an,
bis er ein Lied singen kann
davon, wie es ist,
wenn Gott seinen Advent wahr macht.

Wir sollten schon mal das Singen üben,
Lieder lernen und uns erinnern, wie das klingt,
wenn wir unseren Gott loben für seinen Advent,
den er wieder mit uns macht.
Macht hoch die Tür!

Lukas 1,5-25

Abwarten und Tee trinken

Warten ist eine hohe Kunst.
Und Künstler sein, das ist schwer.
Seit wir auf der Welt sind, arbeiten wir daran,
wie das geht, mit dem Warten.

Zuerst haben alle *uns* erwartet.
Das gehört zweifellos zum Besten unseres Lebens,
dass wir zumindest am Anfang noch
eine relativ positive
Erwartungshaltung ausgelöst haben.
Von unserer Mutter haben die Leute damals gesagt,
sie erwarte ein Kind.
Und damit waren wir gemeint.
Das waren noch Zeiten!

Als wir dann wie erwartet irgendwann
angekommen sind,
haben sich unsere Erwartungen zunächst
sehr reduziert
auf die elementaren Dinge des Lebens.
Auf den Zimmerservice musste Verlass sein,
Essen und Trinken zu exakten Zeiten.
So viel durfte man schon erwarten als erwartetes Kind.
Auch die Streicheleinheiten
und dass man uns nicht zu lange alleine ließ.

Später haben wir dann unsere Erwartungshaltungen
mehr und mehr erweitert.
Und spätestens ab dann
fing es an,
nicht mehr aufzuhören
mit der elenden Warterei.

Hinzu kamen die pädagogisch wertvollen
Erziehungshilfen,
die allzu laut lauteten:
Kannst du nicht warten?
Wart's ab!
Na warte!
Da kannst du lange warten!
Das hätt' ich nicht von dir erwartet!
Die Kommentare zu unseren jugendlich unschuldigen
Verfehlungen
spitzten sich endlich zu in dem Satz:
Warte nur, wenn der Papa heimkommt …

Wir sollten groß und stark,
fleißig und höflich
und vor allem geduldig sein,
sollten bis auf Weiteres den Beginn des Lebens
abwarten.
Immerzu und immer wieder haben sie uns erklärt,
dass es noch nicht so weit sei.
Erst einmal in die und dann aus der

Schule kommen,
konfirmiert, gefirmt, aus- und eingebildet werden,
alles noch im Wartezimmer der Zukunft.

Und so ist es ewig weitergegangen.
Wir haben gewartet, seit wir denken können,
auf Ferien, auf das Ende der Zahnschmerzen,
auf einen Liebesbrief, auf die Gehaltserhöhung,
auf den Schornsteinfeger und auf unzählige
Handwerker,
vor einer Amtsstube,
an einem Postschalter,
auf den IC und das Wochenende,
auf den Arzt und seine hilfreich heilende Kraft,
bis die Kinder heimkamen,
bis der Besuch endlich wieder ging,
bis die Ampel grün und der Sommer warm wurde.
Bis der Briefträger kam
und der Schnupfen wegging.

Warten aufs Christkind,
auf Lebenszeit,
Warten und Tee trinken.

Im Durchschnitt wartet ein Durchschnittsmensch
mindestens 5 Jahre seines Lebens
auf dies und das.
Also 5 x 365 Tage

und vor allem Nächte
und besonders Abende
vertreiben wir uns die Zeit.
Mindestens.

Aber wenn wir jetzt bedenken,
dass wir als Christen sogar
auf einen neuen Himmel
und eine neue Erde warten,
dann sind 5 Jahre
ein Wimpernschlag für das,
was uns noch erwartet.
Warten wir's also ab.
Teetrinken ist im Advent
besonders wichtig.

2. Petrus 3,13

O Tannenbaum

Haben Sie schon einen zu Hause?
Auf der Terrasse liegen?
Oder müssen Sie noch einen kaufen?
Dachte ich mir doch.
Wie immer auf den letzten Drücker!
Das wird wieder knapp, wie alle Jahre wieder,
„o Tannenbaum",
kann ich da nur sagen.
Sehen Sie zu, dass Sie einen kriegen,
ehe nur noch diese krummen Dinger übrig sind.
Wie im letzten Jahr.
Der Weihnachtsbaum ist einfach wichtig.
Der darf in keinem echten Weihnachtszimmer fehlen.
Und sei es,
dass es ein künstlicher ist,
der natürlich unnatürlich ist,
also langweilig und leblos
und nie nadelt.
Aber nur was nadelt,
adelt
den Weihnachtsbaum
und seine Besitzer.

Ich glaube ja,
dass der Weihnachtsbaum einfach deshalb so
unschlagbar beliebt ist,

weil er einmal endlich was zusammenbringt,
was zusammengehört.
Die Leute nämlich,
die in die Kirche gehen,
um Gott nahe zu sein,
und diejenigen,
die lieber in den Wald gehen,
wenn sie Gott suchen –
und darum auch befürchten müssen,
später einmal vom Revierförster beerdigt zu werden.
Aber an Weihnachten,
da ist auf einmal alles beisammen.
Gott und Wald.
Das walde Gott!
O Tannenbaum, man glaubt es kaum,
der Wald und die Weihnacht sind sich grün.
Hosianna in der Höh!

Nur eins ist am Tannenbaum so unangenehm:
Dass er aber auch immer so krumm und
schief dasteht.
Dabei hatte er beim Aussuchen
unter den vielen Artgenossen
noch so vorbildlich kerzengerade ausgesehen.
Kaum ist er ausgepackt
und eingemacht,
geht's ans Eingemachte!

„Du, Schatz! Ich glaub, der Baum ist schief!
Jetzt guck doch mal, zum Kuckuck!"
Immer diese ruinös kränkende Bemerkung,
die sich Männer jedes Jahr
kurz vor dem Heiligen Abend anhören müssen
und die ihnen jedes Selbstbewusstsein raubt!
Der Baum steht ja schief!
Den Imageschaden kriegst du vor Gründonnerstag
kaum noch geregelt.
Wehe, wenn der Baum schief ist.
Und er ist ja schief – immer!
Und das sagen die andern dann so,
wie man das halt so sagt,
wenn was nicht grad grad ist.
Ich glaube –
und dann halten sie den Kopf so schön schief,
wunderbar,
wie nie im ganzen Jahr,
diese Körperhaltung gibt es auch überhaupt nur
beim Weihnachtsbaumschaun –,
guck doch mal,
stell dich mal hierher,
da, wo ich steh, ist er grade.
Du musst dich halt hierherstellen.
Aber wenn die Leute reinkommen und so drauf
gucken,
dann steht er schief …
Und dann wird gedreht

und gedreht,
ein krummes Ding halt, bis er so dasteht,
als sei er nicht krumm.
Eine optische Täuschung muss her.
Denn einen wirklich geraden Tannenbaum
gibt es kaum.

Ich habe da übrigens einen ultimativen Tipp,
den werd ich mir auch noch patentieren lassen,
glaub ich,
und zwar kann ich Ihnen eine Methode sagen,
bei der jeder Baum,
auch der schiefe, krumme,
der sich einfach nicht ordentlich hinstellen lässt,
endlich wie eine Eins
den besten Eindruck macht.

Mein aktueller Tipp:
Hängen Sie ihn einfach an die Decke.
Wir haben das gemacht.
Wir hatten damals einen kleinen Hund,
und der war so was von wild,
dass der Baum nie stehen geblieben wäre,
und wär er noch so gerade gewesen.

Die Sache hat natürlich einen Haken,
wie Sie sich denken können,
und dieser Haken

muss in die Decke,
der Haken muss die Farbe der Decke haben,
und der Faden muss unsichtbar durchsichtig sein.
Dann klappt das.

Es sei denn,
Sie haben ihn
nicht richtig festgebunden,
dann kann es sein,
dass der Tannenbaum
vom Himmel hoch,
da komm ich her,
runterfällt.

Gefallene Weihnachtsbäume sind so
aber nicht vorgesehen.
Also seien Sie vorsichtig.

Und wenn Sie jetzt sagen,
dass Ihnen das alles zu hoch hängt,
dann stellen Sie sich halt nicht so an
und ihn halt wieder hin,
auf den Boden.

Es kann eben nicht alles gerade
und im Lot sein.
An Weihnachten schon gar nicht.
Das war es nie.

Schon beim ersten Fest
ging so einiges schief.
Und da war er noch gar nicht mit dabei,
der Tannenbaum.

Man könnte also aus der Not eine Tugend machen
und feierlich behaupten,
den Baum absichtlich in Schräglage versetzt zu haben,
um so das Fest angemessen abzubilden.
Das ist doch einmal ein neuer Ansatz
„O Tannenbaum!"

Weihnachten: Leben schenken und feiern

Fünf der beliebtesten Irrtümer zu Weihnachten

1. Unsere inflationäre Beleuchtung macht diese Zeit hell.

In Wirklichkeit ist es die dunkelste Zeit des Jahres.
Nie sind die Nächte so lang und die Tage so kurz.
Nur unser selbst inszeniertes Lichtermeer
scheint diese Tatsache auszublenden.
Dabei sind unsere Augen und Herzen gerade dann
so lichtempfindlich,
wenn wir im Dunkeln tappen
und nach einem Hoffnungsschimmer suchen.
Nur die dunkle Nacht macht,
dass wir ein Auge für den Stern von Bethlehem haben.
Und der leuchtet dann wirklich hell.

2. In der heiligen Zeit muss alles zur Ruhe kommen!

In Wirklichkeit ist es eine eilige Zeit
mit heiliger Unruhe.
Und das war es von Anfang an.
Die Weihnachtsgeschichten der Bibel
beschreiben keine Idylle am warmen Ofen
und unterm Tannenbaum.

Die Menschen sind politisch unter Druck,
eine Volkszählung wird durchgeführt,
alle sind aus dem Häuschen
und unterwegs.
Und alle haben es eilig.
Die Weihnachtswelt war noch nie anders
als unruhig.
Also muss sie es auch heute nicht sein.

3. Die heilige Familie ist heil und glücklich.

In Wirklichkeit ist sie gar keine Familie,
jedenfalls nicht traditionell.
Und sie sind unterwegs in einer schlechten Verfassung,
innerlich und äußerlich.
Josef überlegt, Maria heimlich zu verlassen.
Er spielt seine Rolle ungern
und seine Beziehung wackelt.
Maria versteht die Welt auch nicht mehr,
außerdem ist sie vor allem schwanger.
Die beiden sind mittel- und obdachlos,
landen mit Stallgeruch in unbehaglicher Herberge.
Es zieht und es ist wenig Glanz in der Hütte.
Also ist es auch in Ordnung,
wenn in unseren Häusern und Familien
allerhand Mist gemacht wird
und wir suboptimal glücklich sind.

So sind wir ganz nah dran
und ein Teil der Welt,
die Gott besucht.

4. Die Weihnachtszeit muss friedlich sein.

War sie nie,
wird sie nie.
Der Weihnachtsfriede ist brüchig.
Weihnachten findet ja weitgehend
in der real existierenden Welt statt.
Und wenn die bis gestern nur
oder fast ununterbrochen
unfriedlich war
und nicht eingeübt hat,
wie man sich den Frieden erklärt,
wie sollte es jetzt plötzlich anders werden?
Wenn Gott hätte abwarten wollen,
bis die Zustände bei uns
so wunderbar einladend gewesen wären,
dass sein Kommen genau zu uns gepasst hätte,
dann wäre Weihnachten
bis auf Weiteres
und auch diesmal wieder
wegen ungünstiger Bedingungen
verschoben worden.
Gott kommt in die Welt

nicht weil sie so ist,
wie sie ist,
sondern obwohl …
und gerade deshalb.

5. Die Heilige Nacht ist romantisch.

Kann sie sein,
muss sie aber nicht.
Die Hirten zum Beispiel,
draußen vor der Tür,
die armen Schlucker,
die bekamen bei dem unerwarteten himmlischen Besuch
nicht etwa glänzende Augen und Gänsehaut,
sondern einen Mordsschreck,
und „sie fürchteten sich sehr"!
Wenn Gott in unsere Nähe kommt,
dann ist das erst einmal
ziemlich wenig romantisch,
eher kann einem dabei
himmel-angst
werden.
Außerdem ist der Heilige Abend
entgegen allen anderen Behauptungen
auch gar kein richtiger Feiertag,
sondern eher ein Werktag.
Er steht schwarz im Kalender.

Und das zu Recht.
Denn selten arbeiten wir so schwer
wie an diesem Abend,
der schon am Morgen beginnt.

Lukas 2,1-11

Knigge für Heiligabend

Unanständige Anstandsregeln für den Kirchgang

Für viele Leute gehört zum Heiligabend auch der
Kirchgang.
Das ist eine schöne Tradition und daran sollten wir
auch unbedingt festhalten.
Damit das gut geht und keine Enttäuschung wird,
hier sieben wertvolle Tipps:

1. *Reservieren* Sie sich rechtzeitig einen guten Platz.
Mindestens zwei Möglichkeiten gibt es:
Sie setzen die Oma schon mal um 14 Uhr dort ab,
dann ist die aus den Füßen und hält gleichzeitig
die Plätze frei.
Oder Sie nehmen die zweitbeste Methode,
schieben nichts auf die lange Kirchenbank,
sondern legen schon vormittags Handtücher
auf die Plätze Ihrer Wahl.
Was im Urlaub funktioniert,
muss auch an Weihnachten möglich sein.

2. Achten Sie bei der Auswahl Ihrer Plätze darauf,
dass Sie nicht zwangsfestgesetzt werden.
Also wählen Sie einen Platz mit *Bewegungsfreiheit*
möglichst am Ende einer strategisch gut platzierten
Kirchenbank.

Dann können Sie während des langen Gottesdienstes
auch mal aufstehen,
ein bisschen auf- und abgehen,
Leute begrüßen
und draußen zusammen eine Zigarettenpause einlegen.

3. Ziehen Sie sich um Himmels willen *warm* an.
Die Kirche muss sparen.
Das lässt Sie kalt!, sagen Sie.
Gut. Dann werden Sie es genau so erleben.
Also: warme Unterwäsche,
eine warme Decke übers Knie
und in Mutters Handtasche einen heißen Jagertee.
Handschuhe natürlich nicht vergessen.

4. Gehen Sie vorher noch mal aufs *Klo*.
Toiletten sind in Kirchen nicht vorgesehen.
Und wenn doch, müssen Sie sich auf weite
Fußmärsche
durch finstere Gewölbe gefasst machen,
wo Sie dann, wenn Sie sie tatsächlich finden sollten,
bestimmt nicht der Erste sind.

5. Als Mann zieht man den *Hut* ab in der Kirche.
Als Frau gerade nicht.
Nur deswegen haben die ja einen auf.
Und seien Sie darauf gefasst:
Die größte Frau der Welt

mit dem schönsten, größten Hut der Welt,
die wird auch in diesem Jahr wieder genau
vor Ihnen sitzen.

6. Was Ihre für den Heiligen Abend aufgesparten
Streitgespräche und familiären Entsorgungsfantasien
betrifft,
so unterbrechen Sie bitte dieselben
für die Zeit des Kirchgangs
und machen Sie *gute Miene* zum Orgelspiel.
Auch Ihre bisher mehr oder weniger gelungenen
Erziehungsanstrengungen können für eine Weile ruhen
in dieser Heiligen Nacht.
Die Bibel sagt ja: Lasset die Kindlein zu sich
kommen und hindert sie nicht.
Also sollen sie singen und springen,
raufen und laufen,
quer durch die Kirche
bis zum Altar.
Lassen Sie sich von den bösen Blicken
mancher ahnungsloser Spießbürger
nicht beirren.
Im Gegenteil. Die sollen sich mal wieder so richtig
aufregen.

7. Zum Schluss noch ein paar *kleine Regeln:*
• Bitte nicht nach einer Bedienung rufen.
  Das ist in der Kirche so nicht vorgesehen.

- Lassen Sie unbedingt Ihr Handy an,
  damit Sie für Ihre Freundinnen und Freunde
  jederzeit erreichbar sind.
  Außerdem ist es ein guter Zeitvertreib,
  wenn die Predigt zu lange wird.
- Singen Sie bitte immer nur dann,
  wenn es die anderen auch tun.
- Sollten Sie zwischendurch vor Erschöpfung
  eingeschlafen sein,
  so ist dies ein gutes Zeichen und ein Grund,
  auch im nächsten Jahr wiederzukommen,
  wo doch bekanntlich der Kirchenschlaf der beste ist.
- Bezahlen tun Sie bitte erst beim Hinausgehen am
  Ausgang.
  Aber bitte diesmal nicht wieder mehr Wechselgeld
  herausnehmen,
  als Sie vorher eingelegt haben.
- Und schließlich: Halten Sie sich auf dem
  Nachhauseweg
  unbedingt in Sichtweite zu Ihren Lieben,
  damit Sie nicht verloren gehen.
  Es sollen angeblich im letzten Jahr wieder
  einige allein völlig hilflose Männer
  diese letzte Fluchtmöglichkeit ausgenutzt haben
  und für immer verschwunden sein.

Schöne Bescherung!

Menschenskind

Endlich!
An Weihnachten darf es wieder einmal
raus aus dem Versteck.
Aber nur für kurze Zeit.
Das Kind in mir.
Das sonst so eingesperrte.
Das ganze Jahr über hat es sich gefälligst
ruhig zu verhalten.
Niemand darf es sehen, kein Mensch soll es merken.
Dass es bei mir wohnt, in mir steckt,
das zu zeigen kann ich mir nicht leisten.
Ein Kindskopf sein, das drückt meine Umfragewerte
nach unten.
Seit ich denken kann, arbeite ich daran,
es loszuwerden.
Ich bin doch kein Kind mehr!
Das sagen wir, wenn wir selbstbewusst
und lebenstüchtig sein wollen.
Kindsein, das ist kein Markenzeichen
für die freie Wildbahn des Lebens,
mit dem man Eindruck machen kann.
Und deshalb gilt es,
es loszuwerden,
das Kind.
Aber das klappt nicht wirklich.
Es ist nämlich hartnäckig und anhänglich.

Und es will raus
und los
und dabei sein.

Und deshalb ist es so ein großes Glück,
dass es Weihnachten gibt.
Denn da ist es erlaubt.
Das Kind darf raus.
Zumindest am Heiligen Abend kommt es dran.
Unterm Baum, in der Kirche, beim Krippenspiel
und beim „Jauchzet, frohlocket".

Menschenskind,
endlich Ausgang und Freigang und Zugang fürs Kind
im Manne und in der Frau.

Kindergeburtstag feiern wir schließlich.
Und da ist es keine Schande, selbst eins zu sein.
Mach's wie Gott, werd ein Kind.

Kind-Kompetenz

Anfänglich schon da,
aber noch lange nicht am Ende.

Darum:
Offen,
erwartungsvoll,
gutgläubig,
ehrlich,
direkt,
phänomenal emotional,
laut und leise,
kann schreien und weinen, dass die Wände wackeln.

Ist so wunderbar geschenkempfänglich,
verspielt,
neugierig,
verschmust,
aber nicht immer.

Auf alle Fälle: ganz und gar augenblicklich,
scheu und vorsichtig,
umwerfend komisch auch,
noch nicht fertig mit der Welt,
voller Fragen, aber nur mit einer beschäftigt.
Noch unversehrt, aber unheimlich verletzlich,
mutterseelenallein manchmal,

todtraurig für einen Moment,
ganz aus dem Häuschen,
gerne groß,
hin und wieder hinfällig,
allemal sang- und klangvoll,
fremdelnd und freundlich,
zerbrechlich und enorm stark,
handlich und herzergreifend,
welterobernd,
himmelreich,
gottvoll,
weihnachtstauglich.

Ochsenschwanz und Eselsohr

Kennen Sie Ochs und Esel?
Ich meine die von Weihnachten.
Es steht zwar in keiner Weihnachtsgeschichte
wirklich was von ihnen,
aber sie sind nicht wegzudenken.
Sie gehören einfach zum Bild.
Kein Krippenbild ohne Ochs und Esel.
Überhaupt
geht es absolut tierisch zu
an Weihnachten.
Schafe gibt es jede Menge,
weiße und schwarze, nehm ich an,
die Könige stellen wir uns auf Kamelen vor
und im Stall bei der Krippe eben die beiden
VIPs,
Ochs und Esel.
Und das ist natürlich nicht nur
kuschelige Kulisse,
das ist vor allem
eine ziemlich
unromantische Botschaft,
die uns da auf
2 x 4 Beine gestellt wird.
Die Bibel sagt nämlich an anderer Stelle,
bei Jesaja, dem Propheten:
„Ein Ochse kennt seinen Herrn

und ein Esel die Krippe seines Herrn,
aber mein Volk kennt's nicht
und versteht's nicht."

Eine tierisch ernste Lektion also
wird uns da erteilt,
von Ochsenschwanz
und Eselsohr.
Die wissen nämlich,
wer sie füttert und versorgt,
kennen ihren Stallmeister
und achten ihn sehr.
Was in der Krippe liegt,
das ist Nahrung
und Bewahrung
in einem.
Und jetzt kommen
im Vergleich
wir Zweibeiner
ganz schlecht weg,
sind Ochs und Esel
weit unterlegen,
wenn es darum geht,
von dem einen
auf das andere
zu schließen:
Von der Gabe
auf den Geber.

Vom Schrot
auf Gott.
Von der Schöpfung
auf den Schöpfer.

Ochs und Esel
stehen Modell
für die Einsicht
in die Abhängigkeit.
Für sie ist es keine Schande,
an die Krippe angebunden zu sein.
Sie stehen im Krippenbild
als vielsagende Botschafter
akzeptierter Abhängigkeit von dem,
der das Gras wachsen lässt.
Keine schlechte Idee also,
die Stalltür am Adventskalender
aufzumachen
und uns zu erinnern,
wie das Vieh fühlt
und wie wir.

Jesaja 1,3

Jahreswechsel: Antun und loslassen

Behütet

Kochmütze

Was haben wir in diesem Jahr wieder
so alles angerichtet?
Dem einen oder der anderen
haben wir die Suppe versalzen.
Manchmal mussten wir sie aber auch
selber auslöffeln.
So gleicht sich manches wieder aus.
Und die Zunge,
die haben wir uns auch
verbrannt.
Und das nicht nur einmal.
Und was haben wir einander
hin und wieder
aufs Brot geschmiert
und aufgewärmt,
bis es ungenießbar war?
Ja, ich kenne Leute,
die haben sich so richtig den Magen verdorben
an zu lange Aufgehobenem
von vorgestern.
Dabei sollten wir doch
das letzte Gericht

unserem Gott persönlich
überlassen.
Ganz schön ausgekocht
waren wir mitunter,
wenn es darum ging,
auf wessen Geschmack etwas hinauslaufen sollte.
Und nicht alles
ist uns gut bekommen.
Und so haben wir
ab und zu die *Kochmütze*
aufgehabt,
bis es geköchelt hat.
Und damit uns ja nichts anbrennt,
brauchen wir sie
wahrscheinlich auch
in der Küche des neuen Jahres
und ziehen den Hut
an Silvester.

Polizeimütze

Auch in diesem Jahr
wollten wir wieder vor allem
Freundin und Helfer
für unsere lieben Mitmenschen sein.
Natürlich haben wir auch gut
aufeinander aufgepasst.

Beschützen ist doch unsere Leidenschaft.
Wir waren am Tatort
nicht immer die ersten,
aber zum Vernehmen der Zeugen bereit.
Für Recht und Ordnung
müssen wir schon ab und zu sorgen.
Sonst tut's ja keiner.
Für so manches Vergehen
in unserer Umgebung
haben wir, ohne zu zögern,
die gerechte Strafe verhängt.
Bußgelder
gibt es auf jeder Familienautobahn.
Wir haben demnach rausgewinkt, angehalten,
Protokolle verteilt
und andere auf ihre Punkte gebracht.
So sind wir halt dabei
immer auch ein bisschen
Polizei.
Und ziehen den Hut –
an Silvester.

Feuerwehrhelm

Schweres Gerät,
soll ja auch schützen.
Erinnern Sie sich noch, wie das war,

als es brannte,
lichterloh,
und Sie wurden gerufen
und sind gekommen,
nicht zu spät,
und haben versucht,
das zu löschen.
Feuer unterm Dach
bei Freunden,
bei Menschen,
die zu Ihnen gehören,
die Ihnen vertrauen.
War das nicht
eine ziemlich heiße Angelegenheit,
und war das nicht auch gut und wichtig so
und eine heilsame Erfahrung
für alle?
Dass wir füreinander
nicht Brandstifter,
sondern vor allem
Schadensbegrenzer
sein können,
dass wir einander brauchen,
wenn's brenzlig wird …
Was für eine wertvolle Erfahrung.
Dieser Hut steht allen gut!

Baustellenhelm

Der passt doch wirklich
zu unserem Alltag.
Dieser Dauerbaustelle.
Was haben wir
auch in diesem Jahr wieder
an Baufälligkeiten gehabt.
Was haben wir unter diesem Werktagshut
alles eingerüstet.
Wie haben wir geschwitzt
im Einsatz für den Aufbau
unseres gemeinsamen Lebens!
Damit wir alles einigermaßen
unter Dach und Fach bringen.
Wir ziehen den Hut –
an Silvester.

Kappe für die Arbeit beim Müll

Ob wir wollen
oder nicht,
wir haben sie auf,
immer wieder,
weil es jede Menge zu entsorgen gibt.
Die Altlasten, die uns drücken,
die ganzen Wegwerfgeschichten.

Was gab es da nicht wegzuräumen
an Sperrmüll des Lebens.
Doch wir sind auch da
ganz schön aktiv gewesen
füreinander.
Haben aufgeräumt –
und haben so manches auch
auf unsere eigene Müllkappe
genommen.
Wir ziehen den Hut –
an Silvester.

Fanmütze

Was wäre unser Leben,
wenn wir uns nicht ab und zu
für Stunden zumindest
begeistern könnten,
wo Sport,
Spaß und Spiel
unserem Alltag
eine ganz andere Farbe geben
und uns irgendwie
aus der gewohnten Umlaufbahn bringen.
Nicht fanatisch,
sondern fantastisch
soll es sein.

La Ola
im Stadion des Jahres.
Wir ziehen den Hut –
an Silvester.

Strohhut

Wir denken an:
Sommer, Sonne,
Meer und mehr.
Unbeschwerte Tage.
Ferien.
Urlaub.
Strand und Sand.
Pause.
Weit weg oder zu Hause.
Sonnenhut tut gut.
Wir sind dankbar
für die Strohhut-Zeiten
und ziehen ihn –
an Silvester.

Zylinder

Gestatten,
dass ich mich vorstelle:
Ich bin der Hut der Hüte
Man trägt mich nur
bei Feierlichkeiten,
bei Festen und hohen Zeiten,
bei Hochzeiten,
die ganz schön in die Tiefe gehen,
Tage, Stunden, Augenblicke
von unschätzbarem Wert,
Zylinderzeiten
sind nur kurz,
aber unvergesslich.
Wir ziehen den Hut!

Schlafmütze

Fast hätte ich es vergessen …
um nicht zu sagen:
verschlafen.
Es gibt da noch einen
ganz besonderen Hut,
den für ausgesprochen aufgeweckte Schlafmützen.
Was haben wir womöglich
auch in diesem Jahr wieder

so alles verschlafen,
verpasst, vergessen?
Wie viele Termine
fanden ohne uns statt?
Wie oft sind wir zu spät
oder gar nicht
auf den Punkt gekommen?
Wie oft war der Zug dann schon
für uns abgefahren?

Und dennoch,
ich sage:
Ein *Hoch*
auf unser aller
Schlafmützenzeit!
Wie hätten wir denn das,
was wir verschlafen,
verpennt, versäumt, vergessen haben,
auch noch schaffen sollen,
wo noch unterbringen,
wie auch noch zusätzlich bewältigen?
Es war gut
und sinnvoll,
dass wir nicht alles
geschafft haben.
Seien wir also barmherzig
mit den ganzen Schlafmützenerlebnissen.
Sie waren reine Schutzvorkehrungen

für unsere gestressten Seelen.
Reine Vorsichtsmaßnahmen.
Wir müssten ja sonst
vollkommen vollkommen sein.
Und das ist schon gar nicht
unter einen Hut
zu kriegen.
Alle tragen also auch diese Mütze
bis auf Einen.
Und von *dem* heißt es:
„Der dich behütet,
schläft
noch schlummert
nicht!"

Vor *Ihm* allein
ziehen wir
den Hut
an Silvester.

aus Psalm 121,3-4

Gutes neues Jahr!

Können Sie sich noch
an das gute alte Karussell erinnern?
Wissen Sie noch,
wie das ausgesehen hat
auf der Kerwe
einmal im Jahr?
Mit Pferden und Elefanten
und Motorrädern?
Und natürlich jede Menge Autos drauf?
Das Beste am Karussell,
finde ich nach wie vor,
ist die geniale Idee gewesen,
dass bei allen Autos
an jedem Platz
ein eigenes Lenkrad
war.
Vorne wie hinten,
rechts wie links.
Das hat allen das wunderbar erhabene Gefühl
vermittelt,
selber
ganz allein
am Steuer zu sitzen.
Und das ist einfach großartig.
Alle kurbeln,
rechtsrum, linksrum,

so rum und so rum,
und dabei fährt das Ganze
sowieso
so
rum.
Es müssen ganz geniale Menschenkenner gewesen sein,
die beim Bauen der Autos für das Karussell
diese Erfindung gemacht haben.

Denn auf dem Rummelplatz unseres Lebens
ist das nicht anders.
Wir möchten gerne das Heft in der Hand haben,
möchten am langen Hebel sitzen,
das Ruder herumreißen,
die Richtung bestimmen,
leiten und lenken,
bestimmen,
wohin die Reise geht.
Selbstbestimmt möchten wir sein,
nicht fremdbestimmt
oder gar ferngesteuert.
Wir wollen am liebsten unser Leben
selbst in die Hand nehmen,
uns von keinem reinreden lassen,
entscheiden und auswählen,
was für uns gut ist.
Und heute,
am ersten Tag des neuen Jahres erst recht.

Da sind wir voller guter Absichten
und fest entschlossen:
Diesmal wird alles anders,
besser,
bewusster.
Was haben wir uns
heute Nacht
nicht alles vorgenommen!
Wie viele Ziele und gute Vorsätze
sind mit uns unterwegs
am 1. Januar.
„Ein gutes neues Jahr!",
wünschen wir uns gegenseitig
und fassen fest das Lenkrad an,
damit wir morgen schon gut fahren mit allem,
was wir tun und lassen.

Dabei wissen wir doch längst:
Denken und lenken,
das tun wir eben doch nicht allein.
Das Karussell dreht sich nicht nur nach unserem Willen.
Der Mensch denkt – und Gott lenkt.
Nicht,
dass wir da nicht auch beteiligt wären.
Natürlich haben wir Spielraum und Lebenstraum.
Wir sollen uns schon allerhand vornehmen,
sollen jede Menge Absichten und Ansichten haben.
Aber dann sollen wir auch

Gott
hereinlassen
in unseren Fahrplan.
Ihn bitten um Geleit und Beistand.
Demut ist auch Mut.
Und Mut brauchen wir
an so einem Tag
wie heute.

Epiphanias: Segnen und wünschen

Warten als Beruf

Kennen Sie schon Simeon?
Das ist ein Profi im Ziehen von Warteschleifen.
Der macht Warten zu seinem Beruf.
Sein Lebensraum ist ein einziges Wartezimmer.
Er lebt in Jerusalem,
er gilt als gerecht und aufrecht,
man gesteht ihm soziale Kompetenz zu,
er hält sich an das Gesetz, kurzum:
Simeon ist ein frommer, guter Mann.
Und er wartet.
Er wartet auf den Trost Israels.
„Wo bleibst du, Trost der ganzen Welt?"
Davon kann er ein Lied singen.
Wann kommt der Messias?
Wann ändert sich alles endlich?
Unsere Knechtschaft, die Besatzung, Unfreiheit.
Wann wird denn endlich Frieden?
Und zwar mehr als nur ein bisschen!

Simeon ist ganz realistisch
auf dem Boden der tatsächlichen Tatsachen
dieser Welt unterwegs.
Und er hält Ausschau nach dem, was noch aussteht.
Alter Kerl mit junger Neugier.

Nicht rückwärtsgewandt,
ganz nach vorne orientiert im Orient.

Wer so wartet,
ist noch nicht fertig,
schon gar nicht mit Gott und der Welt.
Und Simeon hat ganz viele Erwartungen an beide.
Das kann er so gut, weil Gottes Geist ihn begeistert
und berührt.
Gottes Geist ruht auf ihm und beruhigt ihn.
Warten kann ja auch ganz verrückt machen,
ganz unruhig auf jeden Fall.

Auf dem Bahnhof der Erwartungen
zu Beginn des neuen Jahres jetzt
gehen die Leute unruhig auf und ab.
Warten macht mürbe und müde.

Simeon, der Wartende vom Dienst,
ist konditionell gut drauf,
kann das lebenslange Warten aushalten,
weil er seine Ruhe findet,
in Gott.
Die Leitung steht,
die Verbindung wird gehalten,
er ist als Wartender nicht abgehängt,
er muss nicht den Atem anhalten,
sondern er atmet

Gottes Odem,
seinen Geist.

Es ist Simeon ja versprochen,
dass er es noch erleben wird.
Der ruhende, ihn so beruhigende Geist
bestärkt in ihm die Gewissheit,
dass es sich lohnt zu warten.

Gott kommt. Er ist unterwegs.
Das macht aus dem Warten
ein Glaubensbekenntnis.
Das ist Haltung und Handlung zugleich.

Und dann ist irgendwann
der entscheidende, richtige Augenblick da:
Simeon kommt in den Tempel hinein
und aus dem Staunen nicht mehr heraus.
Von seinen Eltern wird,
wie es sich gehört,
der neugeborene jüdische Stammhalter gebracht.
Und Simeon darf begreifen,
erfassen, anfassen,
darf seinen Gott auf den Arm nehmen,
darf sich vergewissern,
berühren und sehen,
wie klein alles anfängt,
auch bei dem großen Gott.

Die Geduldsprobe ist zu Ende.
Auch Warten hat seine Zeit.

Und Simeon sieht schon wieder weiter
und fängt schon wieder an zu erwarten,
wie Gottes Handeln weitergehen wird,
lokal,
global,
überall.

Warten gehört ab sofort zum guten Ton.
Fragt Simeon.

Lukas 2,25-34

Sternstunde

Aufgepasst!
Jetzt kommen sie wieder.
Die Heiligen Drei Könige.
Sie tragen einen Stern mit sich.
Das ist ihr Zeichen.
Deshalb werden sie auch
die Sternsinger genannt.
Und es ist wohl die sympathischste klerikale
Dienstleistung
aller Zeiten,
segensreich,
frei Haus,
traditionell durchgeführt von der katholischen Kirche,
aber wahrgenommen über die Konfessionsgrenzen
hinweg.

Man muss sich das mal vorstellen:
Da sind eine halbe Million Mädchen und Jungen
auf den Beinen,
gewiss mit kalten Ohren,
roten Nasen,
aber auch mit heißen Herzen.
In allen Bistümern
und Gemeinden.
In den Gewändern der Heiligen Drei Könige
ziehen sie eindrucksvoll von Tür zu Tür.

Was für eine Bewegung!
Was für ein Signal!
Und weil sie daran erinnern,
dass die Könige von damals das Kind beschenkt haben,
sammeln sie Geschenke für Kinder.
Und weil die Könige von damals
sich auch zum Schutz des Kindes in der Krippe
eingesetzt
und nicht im Traum daran gedacht haben,
ihn an den König Herodes zu verraten,
ist die Aktion als Schutz und Hilfe für Kinder in Not
gedacht.
Viele Millionen kommen da zusammen.
Das ist wirklich eine königliche und eine heilige Aktion.

Aber es geht um noch mehr.
Kaspar, Melchior und Balthasar kommen auch,
um dem Haus und den Menschen, die darin wohnen,
Segen zuzusprechen.
„Christus segne dieses Haus!"
Mit dem Kreidezeichen an der Tür
markieren sie so,
wer der Herr im Hause ist
für dieses neue Jahr.
Gut, dass sie kommen,
die Sternsinger.

Matthäus 2,1-12

Rosenmontag

Heute ist Montag.
Nicht irgendeiner.
Nicht so ein Allerweltsmontag,
mit Grauschleier und Muskelkater,
nein, nicht so ein „Lass mich in Ruhe!"-Montag.
Heute ist alles anders,
heute ist nämlich
Rosenmontag.
„Rosen" kommt von „rasen" und „toben" –
ein rasender Montag ist das also,
ein rasanter dazu –
und der einzige Montag,
der einen solchen Extra-Namen hat.
Er gehört zu den sogenannten tollen Tagen.
In den Hochburgen von Fasenacht, Fasching und
Karneval,
was weiß ich, wie man es richtig sagt,
da steht dieser Montag ganz schön hoch im Kurs.
Heute ist Ausnahmezustand.
Die Narren sind los, fast alle jedenfalls,
und heute wird aufs Korn genommen,
was das Zeug hält –
alles, was die da oben falsch machen,
wird übertrieben dargestellt,
wenn das noch möglich ist.
Wer aber denkt,

diese Tage seien von vornherein gottlos
und hätten
weiß Gott
nichts mit Kirche und Glauben zu tun,
der irrt sich gewaltig.
Tatsächlich ist diese ganze olle dolle Zeit
traditionell fest eingebunden
in den Kalender des Kirchenjahres.
Gleich nach der Fastnachtszeit
kommt nämlich die Fastenzeit
und die dauert
40 Tage bis Ostern.

An diesem Tag haben es sich Leute schon immer
noch einmal gut gehen lassen,
haben gegessen und getrunken,
übereinander gespottet und gelästert
bis zum Abwinken.
Deshalb haben die Alten diesen Montag
auch den Guten Montag oder
den blauen Montag genannt –
sicher nicht wegen der Farbe des Himmels.

Und wofür waren die Umzüge gut?
Da durfte man sich eindecken
mit dem, was man nicht hatte.
Es wurde mit vollen Händen ausgeteilt,
so wie heut Mittag beim Bonbonregen.

Und im Rheinland
ließ man am Abend des rasenden Montags
vor dem Essen
die Fenster weit offen,
damit sich die Engel noch schnell was holen konnten.
Weil nämlich bald auch im Himmel
gefastet würde
und da sollten sich die Engel
noch einmal tüchtig satt essen.
Man hat gewartet mit dem Essen
bis jemand die Flügel rauschen hörte.
Erst dann hat sich die Familie an den gedeckten Tisch gesetzt,
falls noch was da war.

So gesehen also ein ziemlich frommer Tag,
der rasante Rosenmontag.
Es wird geteilt
und mitgeteilt
und ausgeteilt.
Wer fasten will,
soll vorher auch feiern können,
erst alle sieben Sachen haben
und dann sieben Wochen ohne …
Alles hat seine Zeit!

Möglich, dass manche etwas übrig haben –
nicht nur für die Engel.

Angemessen

Verkleiden wir uns heute wieder?
Gehen wir
als Adam und Eva?
Nein, nicht, was Sie jetzt vielleicht denken,
nicht im Adamskostüm,
nicht, wie Gott Sie geschaffen hat,
sondern, wie Gott Sie angezogen hat.
Adam und Eva
sind tatsächlich die Ersten,
denen Gott Kostüme gemacht hat.
Und das kam so:

Es lief ganz mies im Paradies.
Schon damals nämlich hat es sich gezeigt,
dass, wenn es an gar nichts fehlt,
gar nicht viel fehlt,
und schon sind die Leute ungenießbar.
Aus Genuss wird Verdruss!

„Es muss doch mehr als alles geben!",
sagen sie dann
und fangen an,
ihre Grenzen zu überschreiten,
sagen und fragen:
„Sollte nicht doch alles erlaubt sein,
was Spaß macht?"

„Sollte es wirklich Tabus geben?"
„Gibt es Sachen, die wir nicht machen
mit uns und unseren Mitmenschen?"
Wir sind doch da,
um auszuleben, was geht.
Also gehen sie zu weit,
schlängeln sich ins Dilemma
und essen von den falschen Früchten und Süchten.

Und dann kommt es
zum Sündenfall.
Nachdem sie sich danebenbenehmen,
fangen sie gleich darauf an,
sich zu schämen.
Und sie fangen an,
sich zu verkleiden und zu verstecken,
knüpfen knappe Schürzen,
um sich zu schützen.
Und können doch nicht vor Gott weglaufen.

Aber dann zeigt es sich,
dass Gott ein Modemacher ist
und seine erste Kollektion entwirft
und mit seinen Kleidern aus den Leuten
Menschen macht.
Es heißt tatsächlich am Ende der Geschichte,
dass er sich höchstpersönlich um die Straßengarderobe
kümmert

und für Adam und Eva
richtige Röcke aus Fellen macht,
sodass sie ordentlich eingepackt sind
und es warm haben.

Gott will niemanden bloßstellen,
keinen beschämen,
sondern vor allem beschützen.
Wenn schon aus dem Paradies verjagt,
dann wenigstens gut gekleidet unterwegs.
Von Gott angemessen angezogen,
ist mehr als ein Kostüm.
Es ist Komfort.

1. Mose 3,1-7; 20-22

Am Aschermittwoch

Noch einmal verkleiden heute?
Wie wär's mit einem
Aschermittwochskleid?
Nach dem Modell Johannes,
Johannes dem Täufer?
Sein Geschmack scheint mir schon ein bisschen
in Richtung Aschermittwoch zu gehen.

Die Bibel spricht ganz unromantisch von seinem
kargen Leben.
Er trug ein Gewand aus Kamelhaaren
und um die Hüften band er sich einen Ledergurt.
Seine Leibspeise:
Heuschrecken und wilder Honig.
Also: Schluss mit lustig.
Sack und Asche,
Büßergewand!
Allerhand, oder?

Johannes der Täufer war auf jeden Fall
ein Unbequemer,
eine Zumutung
und ein Spielverderber womöglich,
auf jeden Fall ein mutiger Mahner.
„Kehrt um!", hat er jedem gesagt,
der's nicht hören wollte.

„Kehrt um!"
Und die Leute fragten:
„Schön und gut, aber wie?"

„Wer zwei Hemden hat,
soll dem eins geben,
der gar keins hat!
Und wer genug zu essen hat,
soll mit dem teilen,
den der Hunger plagt!
Bleibt im Rahmen,
nehmt euch nicht alles heraus,
nehmt euch nicht das Leben
gegenseitig!"

So steht er da,
der verkleidete Bußprediger,
und schnallt den Ledergürtel noch enger
als einsamer Rufer in der Wüste.

Es muss ihm gut gestanden haben,
sein Kleid,
sein Äußeres und sein Inneres waren stimmig,
und seine Stimme
hat nichts anderes gesagt
als die Sprache seines Lebens
und Handelns.

Wer so anziehend wirkt
und nicht würgt,
wer glaubwürdig verkörpert,
was er vertritt,
der kann so wie Johannes sein.
„Wer zwei Hemden hat,
soll dem eins geben,
der gar keins hat."
Jetzt wird's ernst,
weil –
ich hab ja zwei Hemden
mindestens …

Lukas 3,16; 10-11

Passion passiert: Leiden und fasten

Kreuzworträtsel

Machen Sie gerne Kreuzworträtsel?
Senkrecht, waagrecht,
so viel Buchstaben?
Für manche Menschen ist das eine wahre Leidenschaft.
Und für viele ist sogar
der ganze Lebensweg
ein einziges Kreuzworträtsel.
Sie suchen nach den passenden Wörtern
und können es nicht begreifen, was passiert.
Weder senkrecht noch waagrecht.
Kreuz und quer, hin und her, alles zu schwer!
Es ist uns das Kreuz,
das wir tragen,
oft ein Rätsel.

Und das Wort vom Kreuz,
das Jesus tragen muss,
das ist es auch.
Rätselhaft, was die Bibel erzählt:
Da ist einer so heilsam für andere,
kümmert sich um den Kummer der Leute,
an denen andere vorbeigehen,
steht zu ihnen,
als es ihnen schlecht ergeht.

Und dann ist es ausgerechnet er,
der am Ende verraten und verkauft wird.
Und kein Mensch ist da,
der zu ihm hält.
Und doch ist das Kreuz,
das Jesus trägt,
am Ende
kein Zeichen des Todes.

Nehmen wir als Beispiel
das Kreuz auf dem Berg,
das Gipfelkreuz.
Daran kann man es schön sehen.
Denn das Kreuz auf dem Berg
will ja nicht etwa sagen:
Ihr da unten! Bleibt ja dort, wo ihr seid,
hier hochzukommen, das geht nicht,
das kostet das Leben!
Nein, das Gegenteil ist wahr.
Das Gipfelkreuz zeigt triumphal ins Tal und sagt:
Hallo, ihr da unten, schaut her!
Der Berg ist bestiegen,
er ist besiegt, bezwungen.
Es gibt einen Weg.
mindestens einer war schon erfolgreich,
ist auf- und abgestiegen.
Man kann seinem Weg folgen
und ebenfalls zum Gipfelstürmer werden.

Das ist das große Plus.
Im Kreuz,
das Jesus getragen hat,
durchqueren sich Waagrecht und Senkrecht,
kommt Hilfe senkrecht von oben
und macht allem,
was uns zerstören will,
einen Querstrich
durch die Rechnung.

Unser Leben
soll nicht sinnlos und ohne Hoffnung enden.
Das Kreuz signiert unseren Weg
mit Zuversicht.
Das Kreuz ist die Autogrammstunde Gottes.
Er macht sein Kreuz
und wählt uns aus,
als seine Kinder.

Für immer und ewig
sollen wir
bei *ihm*
geborgen sein.
Allen Kreuzworträtseln zum Trotz.

Lukas 23,32-46

Auf die Spitze treiben

Wissen Sie eigentlich,
wie der Hahn auf den Turm kommt?
Ich meine den Wetterhahn
auf den Kirchturm?
Na ja,
da ist er halt schon immer.
Da gehört er halt hin.
Dreht sich im Wind und schaut ins Regenloch.

Aber wie hat er diesen Sprung geschafft?
Wie kommt der Gockel ausgerechnet auf diesen
Spitzenplatz?
Nun,
das hat ganz viel mit der Zeit zu tun,
in der wir jetzt gerade sind.
Mit der Passion.
Mit der Zeit,
in der wir uns an den Kreuzweg von Jesus erinnern.
Und da ist es zwischendurch auch um einen Hahn
gegangen
und um einen,
nach dem er gekräht hat.

Und das war Petrus,
ein ganz enger Freund und Begleiter,
den Jesus sich für spezielle Aufgaben ausgesucht hatte.

Und als es hart auf hart kam,
als also abzusehen war,
dass Jesus unter die Räder kommen würde,
da hat Petrus ganz große Töne gespuckt
und gesagt:
„So weit kommt's noch!
Jesus und sterben?
Das darf nicht passieren!"
Und als Jesus dann noch voraussagte,
dass ihn seine ziemlich besten Freunde
sogar verraten
und verkaufen werden,
da hat er empört widersprochen
und heldenhafte Gegenwehr versprochen.

Aber dann,
als es drauf ankam
und er im Trubel des Verhörs
im Hof des Hohepriesters auffiel,
weil man ihn erkannt hatte
als einen Anhänger von Jesus,
da war seine Angst doch zu groß
und er hat Stein und Bein geschworen,
ihn nicht zu kennen.

Und dann ist es halt passiert.
Dann hat er eben gekräht,
der Hahn.

Und Petrus,
der hat sich da zu Tode erschrocken,
weil ihm eingefallen ist,
dass Jesus gesagt hat:
Ehe der Hahn kräht,
wirst du mich am Ende dreimal verleugnet haben.

Da war alles aus.
Und dem Petrus ist es kalt den Rücken heruntergelaufen.
Die Bibel erzählt,
dass er geweint hat,
bitterlich.

So ist es also zu erklären,
dass der Hahn auf die Kirchturmspitze geflogen ist,
um alle Welt daran zu erinnern,
wie schnell es passiert,
dass wir leugnen,
zu wem wir gehören,
dass wir im Zweifelsfall
nicht
zu unserer Überzeugung stehen,
uns draußen im Hof
nicht gerne identifizieren lassen wollen,
wenn es für uns gefährlich wird.

Egal, woher der Wind weht.

Lukas 22,31-34; 54-62

Unerhörtes Krähen

„Was, Sie gehen zur Kirche?",
fragt der Kollege spöttisch.

Meine Antwort ist ausweichend,
ohne Standpunkt,
fast hätte ich
Entschuldigung gesagt.
Ein Hahn hat nicht gekräht.

Wie bitte, Sie sind im Presbyterium?
Und Sie arbeiten da mit in der Kirche?
Dabei habe ich Sie bisher
für einen ganz normalen Menschen gehalten.

Befremden steigt hoch
und verschließt meine Lippen.
Die jetzt sagen sollten:
Ja, das mach ich
und ich mach es gern
und es hat Sinn.

Stimmt das,
du gehst in einen Hauskreis?
Wohl ein ganz Gläubiger, was?
Na ja,
wenn du das brauchst …

Das Fach Religion
sollte in der Schule
endlich abgeschafft werden.
Die Kinder haben Wichtigeres zu lernen
und dürfen nicht so einseitig beeinflusst werden.

Beim Elternabend
haben ich dem nur
ganz vorsichtig widersprochen.
Und ein Hahn hat auch nicht gekräht.

Was haben denn Glaube und Politik
miteinander zu tun?
Gar nichts!
Geh in dein Kämmerlein
und bete
und halte dich raus
aus der Weltgeschichte.
Das sind zwei Paar Stiefel.
Sieh zu,
dass du ein ausgeglichenes Seelenleben hast,
ein gutes Verhältnis zu Gott,
und der Rest ist egal.
Es geht sowieso alles seinen Gang.
Wieso krähen die Hähne nicht?

Seit wann kümmerst du dich
um die Probleme anderer Leute?

Meine Güte,
wo kämen wir denn hin.
Wir haben doch mit uns selber zu tun.
Jeder ist doch seines Glückes Schmied.
Seines Unglückes auch?
Hanebüchen!

Was hör ich da,
du warst beim Hungermarsch dabei?
Ja glaubst du denn ernsthaft,
du könntest was ändern am Elend der Welt?
Das läuft doch alles,
wie's die da oben
bestimmen.

Wer nichts tut,
macht auch nichts falsch?
Jedenfalls kräht kein Hahn danach!
Von wegen *Fasten*!
Die neue spirituelle Masche?
Sieben Wochen ohne?
Dass ich nicht lache.
Bilde dir bloß nicht zu viel darauf ein.
Und was ihr da behauptet:
Der Hunger in der Welt käme von unserem Überfluss –
das ist eine bösartige und ahnungslose
Unterstellung.
Hat jemand einen Hahn gehört?

Beim Einkaufen hörte ich,
wie sie herzogen
über die neu Zugezogenen,
die angeblich
so ganz anders sind
und leben;
nicht, wie es sich gehört jedenfalls.
Ich hab dazu kein Wort gesagt.

„Das Leben ist grausam und sinnlos",
sagt mir die verbitterte Mutter
und erzählt von den Kindern,
die weit weg sind,
und dem Mann,
der sie schlägt.
Und mir stockt der Atem
und ich weiß keine Antwort.
Und ich vergesse,
ihr das Klagen
vor Gott
zu erlauben.

Und wieder habe ich mit ihm zusammengesessen
und er hat mir tausend Gründe gesagt,
warum die Kirche ein Irrtum ist
und warum kein halbwegs vernünftig
denkender Mensch
die Geschichten der Bibel noch glauben kann,

und dass er sich wundert,
wie wir die Leute immerzu
für dumm verkaufen wollten.
Die Wissenschaft sei doch längst uneinholbar.
Wer kann da heute noch
von einer Schöpfung reden?
Und als ich zum Auto gehe,
ist mir so, als hätte ich gerade
einen Hahn gehört ...

Lukas 22,54-62

Die Krönung

„Halt dich gerade!",
hat meine Mutter immer gesagt.
„Kopf hoch!",
heißt die Devise,
wenn es gilt,
sich ins lebensgefährliche Leben zu stürzen.

Im Kindergarten hatten wir schon früh eingeführt,
dass die Geburtstagskinder an ihrem Ehrentag
alle eine Krone auf den Kopf gesetzt bekamen.
Wie König und Königin.
Sichtbares Zeichen für alle.
Kleine Leute – große Ehre!

Mir ist dabei immer wieder aufgefallen,
wie aufrecht, wie gerade, ja wie stolz
diese gekrönten Häupter dann daherkamen.
Mit einer Krone auf dem Kopf
geht niemand gebeugt,
eine Krone buckelt nicht,
eine Krönung macht groß.

Jesus bekommt auf dem Weg zum Kreuz
auch eine.
Allerdings eine
aus Dornengeflecht.

Die Dornenkrone wird ihm aufgesetzt,
um ihn zu verhöhnen,
um ihn kleinzumachen
und dem Spott der Leute auszusetzen.

Und doch ist es eine Krone.
Und so trägt er sie auch.

Ich habe oft den Eindruck, dass Menschen,
die bitteres Leid zu ertragen haben,
denen der Kummer und die Last des Lebens schwer
zu schaffen macht,
dass die nicht etwa klein und gebrechlich wirken,
sondern
sehr stark, sehr selbstbewusst.
Die kommen aufrecht daher.
Die strahlen eine besondere Kraft und Erfahrung aus.
Gerade trauernde Menschen wirken auf mich so.
Ihre Würde, ihr aufrechter Gang beeindrucken mich
immer wieder.
Oft treffe ich auf solch dornengekrönte
Menschenkinder,
die ihren Weg des Leids sehr bewusst begehen.

Ihnen mag Jesus ein Vorbild sein.
Ihn macht die Dornenkrone nicht etwa lächerlich.
Er steht dazu. Er geht seinen Weg.
Ihn adelt der leidvolle Kreuzweg.

Manchmal kommt es mir so vor,
als seien es gerade die Leidgeprüften,
die Menschen,
die schon allerhand Schweres im Leben haben erdulden
müssen,
die hineingewachsen sind
in die Bejahung ihres Schicksals.
Dass man denen in besonderer Weise
den aufrechten Gang abspürt und glaubt.
Es ist,
als ob sie gerade im Durchschreiten schwerer Zeiten
noch einmal auf die Welt kommen
und einen Geburtstag der besonderen Art feiern,
weil sie sich der Herausforderung des Lebens wirklich
stellen
und dem zugemuteten Weg die Stirn bieten.

„Sei getreu bis an den Tod,
so will ich dir die Krone des Lebens geben",
sagt die Bibel.
Matthäus 27,37-30; Offenbarung 2,10

Kreuzschmerzen

Kreuzschmerzen tun weh.
Viele Leute leiden darunter.
Unerträglich ist diese Volkskrankheit.
Kaum auszuhalten.
„Das kann dir niemand abnehmen!",
heißt es dann.
Oder doch?

Für mich ist eine der bewegendsten Szenen in der
Passionsgeschichte Jesu,
wie er auf dem Weg unter der Last seines Kreuzes
zusammenbricht.
Kreuzschmerzen der besonderen Art
bringen ihn zu Fall.

Und da kommt ein Bauer vom Feld,
wie es scheint, ganz zufällig,
und wird jetzt ganz wichtig.
Er heißt Simon.
Simon von Kyrene.
Er muss kräftig und stark ausgesehen haben.
Wie sonst könnte er so aufgefallen sein,
dass man ihn dafür heranzieht,
Jesus das Kreuz abzunehmen.
Was für eine tragende Rolle!

Jesus hat solche Kreuzschmerzen,
dass er seine Last nicht mehr tragen kann.
Und da muss einer kommen, der sie ihm abnimmt.
Zumindest ein Stück.
Mitleid. Anteilnahme.

Ich erschrecke immer wieder darüber,
wenn ich in Todesanzeigen
den inzwischen fast schon zum Standard gewordenen
Zusatz lese:
„Von Beileidsbekundungen am Grab bitten wir
Abstand zu nehmen."

Was tun wir uns da an?
Was machen wir mit unseren Kreuzschmerzen?
Wie sollen wir das alles alleine tragen?
Wir brauchen doch alle Menschen,
die mitgehen, die beistehen,
die abnehmen, die tragen helfen.
Wenn selbst Jesus
unter der Last seines Kreuzes zusammenbricht,
warum tun wir dann so, als wären wir stark genug,
das, was uns auferlegt wird, immer nur alleine zu
ertragen?

Simon von Kyrene jedenfalls
steht für mich Modell dafür,
dass wir angewiesen sind und bleiben,

auf Menschen,
die bereit sind,
unterwegs ein Stück mitzugehen,
um das Unerträgliche mitzutragen.

Wenn wir aufhören,
uns gegenseitig unser Beileid auszusprechen
und auszuleben,
dann wird unser Leidensweg
irgendwann
nicht mehr zu begehen sein.
Wir brauchen jemanden,
der uns entlastet
und etwas abnimmt, zupackt, unter die Arme greift.
Ohne diesen Lastenausgleich
kommen wir nicht voran.

Matthäus 27,31-32

Nagelneu

Ich lasse mich
nicht so gerne
festnageln.
Ich bin nicht nur so.
Ich bin auch anders.
Ich bin im Werden.
Immerzu nageln wir
einander fest.
Die Kinder die Eltern.
Die Eltern die Kinder.
Die Männer die Frauen.
Die Frauen die Männer.
Die einen die anderen.
Die anderen die einen.
Damit vernageln wir uns
die Auswege,
die Zugänge,
den Neuanfang.

Wir sind und werden
immer wieder
auf die Nagelprobe gestellt,
ob wir uns selbst
und einander
freilassen,
loslassen,

sein lassen,
werden lassen.

Es reicht völlig,
dass sich *einer*
hat festnageln lassen
auf Schuld und Versagen,
auf Sterben und Gottverlassenheit,
auf Hohn und Spott,
auf Verrat und Verkauf.
Jesus.
Der hat wirklich
Nägel mit Köpfen
gemacht
und hammerhart
auf sich genommen,
was wir
ab sofort
an genau diese Nägel
seines Kreuzes
hängen können:
Alles,
was wir einander
schuldig werden
und bleiben.
Jetzt sind wir
nagelneu.

Matthäus 27,33-37

Mehr als ein Donnerstag

Gründonnerstag.
„Grün" nicht nur wegen dem Spinat.
Eigentlich kommt sein Name ja
vom Greinen und Weinen.
Grün ist er erst später geworden.

Manche kennen zwar den
blauen Montag
oder den schwarzen Freitag,
aber dass es einen Donnerstag gibt,
der grün ist,
grün wie die Hoffnung,
das haben wir schon fast vergessen.
Was machen wir mit ihm?

Jesus hat damals allerhand aus ihm gemacht.
Erst einmal hat er an diesem Tag seinen Leuten
nicht den Kopf,
sondern die Füße gewaschen.
Das muss ihm erst mal einer nachmachen.
Und dann hat er Abschied gefeiert.
Ein Mahl am Abend,
ein einmaliges,
ein Abendmahl.
Er hat sie alle zusammen
an einen Tisch gebracht –

ob sie ihm grün waren
oder nicht –
auch Judas
war dabei.
So viel sei verraten.

Und dann macht Jesus
sein immerwährendes Abschiedsgeschenk.
Gibt Brot und sagt:
„Das bin ich
und das bleib ich für euch!
Ihr braucht mich so dringend
wie das tägliche Brot!"

Und sie stoßen an
auf ihre Freundschaft
und erheben den Kelch.
Es wird reiner Wein eingeschenkt
und alle trinken daraus
und werden es wieder tun
und tun es bis heute
zu seinem Gedächtnis,
wie es heißt
beim Amen
in der Kirche.

Grün ist die Hoffnung
am Gründonnerstag –

weil es einen Gott gibt,
der uns alle zusammenbringen will,
alle an einen Tisch,
auch wenn wir so manches
verraten
und verkaufen.

Heut wird zusammengerückt
und eine Scheibe abgeschnitten
vom Brot des Lebens
und geteilt und verweilt
und nicht schon wieder alles
von gestern draufgeschmiert,
sondern auf Bruderschaft und Schwesternschaft
getrunken
und gewunken.

Die Ampel der Freundschaft
mit Jesus Christus
steht auf Grün.

Johannes 13,1-11; Matthäus 26,17-30

Zerreißprobe am Karfreitag

Gott und die Welt,
das Heilige und das Profane,
Innen und Außen,
das Allerheiligste und das Allerweltlichste,
Oben und Unten,
Himmel und Erde,
himmelweit auseinander.

Dazwischen der Vorhang,
die Schallmauer der gebotenen Distanz,
priesterliches Hoheitsgebiet,
Tabuzone göttlicher Gegenwart.

So ist die Anordnung im Tempel des Herrn.
Gottes Abstand und Nähe
sind so geregelt.

Die Linie trennt scharf.
Der himmelweite Unterschied
ist klar markiert.

Unter Verschluss
ist Gottes Gegenwart
verwahrt.
Alles andere ist
ausgeschlossen.

Das exklusiv Göttliche
unnahbar weit weg.

Bis Karfreitag.
„Und der Vorhang im Tempel
zerriss in zwei Stücke",
heißt es,
als Jesus stirbt.

Die Abtrennung im Tempel vor dem Allerheiligsten,
der dicke Vorhang,
er zerreißt.

Es kommt zusammen,
was zusammengehört.
„Gottheit und Menschheit
vereinen sich beide.
Schöpfer, wie kommst du
uns Menschen so nah!"

Das Kreuz,
das Leid,
die unerträgliche Gottverlassenheit –
sie sprengt
und öffnet
und verbindet.

Grenzenlos nah
ist Gott jetzt
in der Welt
angekommen.

Ende der Aussperrung.
„Unser Durchbrecher ist nunmehr vorhanden."

Der verhängnisvolle Vorhang
ist entzwei.
Der Himmel steht offen.
Gottlos
ist die Welt
nicht mehr
im Leid.

Nichts
kann uns mehr scheiden
von der Liebe Gottes.

Vorhang auf
und Bühne frei
für ein starkes Stück
Leben
vor und nach
dem Tod!

Lukas 23,44-45

Ostern: Glauben und hoffen

Nestfest

Für meine Geschwister Helmut und Lydia

Haben Sie schon ein Nest gebaut?
Ein Osternest
meine ich –
draußen im Garten,
unterm Kirschbaum womöglich
oder ganz klasse
auf der Terrasse,
dem Balkon
oder im Treppenhaus?
Wie sieht's aus?

Zum Osterfest
ein Osternest!

Also, wir haben früher am Karsamstag immer Nester
gebaut.
Das war gar keine Frage.
Moos wurde gesucht
und im Eimer oder Korb heimgetragen,
von irgendwo,
einem Wiesenstück,
hin und zurück,

und dann wurde ein schönes Plätzchen gesucht,
und für jeden wurde eins gebaut.
Eins neben dem anderen.
Und da hat's keine Verwechslungen gegeben.
Wer einmal ein Nest gebaut hat,
der kann es von
tausend anderen
schon von Weitem unterscheiden.
Und das ist auch ganz wichtig
und richtig.
So viel steht fest:
Jedem sein Nest!

Moos und Holzwolle haben wir benutzt.
Und dann gehofft, dass uns bis morgen jemand
ein Überraschungsei hineinlegt,
oder auch zwei,
und natürlich
Hasen in Massen.

Also, heute wird ein Nest gebaut.
Wenn nicht heut,
wann dann?
Und das können auch ältere Kinder
und alte Kinder machen –
gerade die.

Denn Nestwärme brauchen wir
im kühlen Grund unserer Seele.
Überraschungseier sowieso!

Dass Gott uns neues Leben ins Nest legt,
unser Leben
anstatt furchtbar
endlich fruchtbar wird,
neu, anders,
ein bisschen hasenrein
vielleicht …
Und dass über Nacht
Ostern wird
und auf der anderen Seite der Nachrichten vom Tod
das Leben mit Jesus Christus wartet.
Dafür stehen doch diese schönen alten Bräuche!
Und darum:
Für das Fest
ein Nest!
Nicht für Beschmutzer,
sondern für Benutzer –
Benutzer des Lebens –
auf himmelweite Lebenszeit.
Weil Gott will,
dass keiner aus seinem Nest fällt.

Vom Ende der Steinzeit

Judas

Wer wälzt uns den Stein von des Grabes Tür?
Den Stein des Verrates,
so schwer wie Blei und so leicht wie ein Kuss.
Judas trägt schwer an der Last seiner Tat,
er hatte einfach alles erwartet von diesem Jesus,
einfach alles.
Nicht bloß ein bisschen Frieden im Herzen,
er hatte mehr gewollt:
Ende der ungerechten Ordnung,
Ende der Besatzung durch die verhassten Römer,
Ende der Unterdrückung.
Himmel und Hölle wollte er in Bewegung setzen
und Jesus vorneweg als der Gottesheld …
Schließlich hatte er es dann wissen wollen
… er würde sich doch wohl nicht widerstandslos
verhaften und abführen lassen
und hingeben
und sich nicht wehren!

Und Jesus tat es doch …
und er wehrte sich nicht und er ging einfach mit,
und das war zu viel,
das hatte Judas nicht erwartet.
Endlich sollte Jesus doch sein wahres Gesicht zeigen

und zuschlagen, zurückschlagen,
endlich.
Doch umsonst.
Judas hat verloren,
noch einmal und jetzt endgültig.
Er hat sich in Jesus getäuscht.
Er hat ihn nicht zum politischen Machtwechsel
zwingen können.
Er hat ihn konsequent die Macht der Ohnmacht
bezeugen sehen
und jetzt liegt auf seiner Seele dieser Stein,
von dem schon Jesus gesprochen hatte, als er sagte,
es wäre besser, dass dem Verräter ein Mühlstein
um den Hals gehängt würde ...

Und genauso ist es jetzt gekommen.
Die Last des Verrates,
so schwer wie Blei,
so leicht wie ein Kuss.

Bin ich's?, hatten alle gefragt.
Jedem war der Schreck in die Glieder
gefahren bei dem Gedanken:
Eigentlich könnte es jeder sein ...

Judas ist zerbrochen unter der Last dieses Steinschlages
der Schuld und der Verzweiflung.

Matthäus 18,6; 26,14-16.20-25.47-50; 27,3-5

Petrus

Wer wälzt uns den Stein von des Grabes Tür?
Den Stein der Verleugnung?
Den Stein der treulosen Treue,
der lieblosen Liebe,
des nicht gehaltenen Versprechens?

Petrus, der Stein,
auf den wir unsere Kirche bauen können,
Petrus, der felsenfeste Draufgänger.
„Und wenn ich mit dir sterben müsste!",
hatte er gesagt.
Und dann dieses unerhörte Krähen,
dieser Hahnenschrei mitten ins Herz.

Wenn es drauf ankommt,
kann sich Jesus
auf keinen Petrus verlassen.
Wenn es drauf ankommt,
nützen alle Versprechungen nichts.

Was, Sie sind noch in der Kirche?
Können Sie mir sagen,
warum Sie immer noch zum Gottesdienst gehen?
Freiwillig in den Konfirmandenunterricht gegangen?
Aber doch bloß wegen dem Schmerzensgeld – oder?
Tischgebet – Sie leben wohl hinterm Mond?

Am Abend mit den Kindern beten?
Ich bin doch keine Märchentante.

Der Hahn auf dem Kirchturm
kräht sich die Seele wund.
Und vielen liegt es schwer auf der Seele,
dieses Petrusverhalten.
Es ist aber auch nicht leicht,
da draußen im Hof der Welt zuzugeben,
dass man ihn kennt,
diesen rätselhaften, wundersamen Jesus …
Wer will schon gerne Stein des Anstoßes sein?

Und doch wird Petrus bis heute
immer noch gefragt.
Menschen, die zu Jesus gehören,
sind gefragte Leute!
Noch.

Lukas 22,31-34;54-62

Barabbas

„Wer wälzt uns den Stein von des Grabes Tür?"
Den Stein der Schuld und des Schuldigbleibens?

Also, wenn es einen gibt,
der weiß, wie es sich anfühlt,
wenn einem schon die Schlinge um den Hals gelegt ist

und die ganze Last der Schuld unabwendbar
und unverzeihlich belastet,
dann der,
der Barabbas heißt.

Ein überführter Verbrecher
mit Prozess und Urteil
und nachgewiesener Schuld.
Er wartet auf sein Ende,
er hat keine Aussichten mehr,
für ihn ist das Leben vorbei
schon vor dem Tod.

Dass ausgerechnet er
von Pilatus zur Freilassung vorgeschlagen wird,
das ist mehr als verwunderlich.
Womöglich hatte der Römer damit Jesus
die besten Chancen einräumen wollen.

Jedenfalls,
wenn es einen gibt,
der wirklich für sich hautnah erfahren hat,
dass da ein anderer für ihn gestorben ist,
dann ist es Barabbas.
Der ist seinem Stellvertreter
Auge in Auge begegnet
und hat ihn an das für ihn bestimmte Kreuz
gehen sehn.

Was für eine Last,
was für ein Stein der Schuld
und des Schuldigbleibens!
Barabbas,
der erste Freigelassene,
hat einen Stellvertreter ...

Matthäus 27,17-26

Maria

„Wer wälzt uns den Stein von des Grabes Tür?"
Den Stein der Trauer
und des hilflos-trostlosen Beistehens?

Maria.
Was hatte sie nicht alles mitgemacht
mit diesem Jesus!
Schon ehe er geboren war,
war alles eine schwere Geburt.
Bis das dem Josef alles
irgendwie beigebracht worden war!
Und dieser Marsch damals nach Bethlehem,
in der Schwangerschaft.
Jesus, ein Problemkind
von Anfang an:
Kaum war er zwölf,
riss er aus,
war er fort.

Mutter Maria muss ihn sagen hören:
Ich muss woanders sein,
ich gehöre dir nicht.
Kaum erwachsen
und vernünftig
ging's mit ihm durch,
hielt ihn nichts mehr in Nazareth.
Vom soliden Zimmermann
zum verwegenen Wanderprediger, Wundertäter.

Aufruhr und Schande,
keine Zeit mehr für die
Familie
und kein Verständnis.
Mutterexistenz bestehend aus:
Atem anhalten und
sich über das Geschwätz der Leute
abregen.

Maria, die Mutter
mit dem großen, schweren Herzen,
sie steht zu ihrem Sohn und ist dabei
bis zuletzt.
Der Stein, der ihr auf dem Herzen liegt,
soll auch nicht verschwiegen werden
in dieser dunklen Nacht.
Stellvertretend auch für all die Mütter,
die in diesen Tagen

ratlos und schweren Herzens
um ihre Kinder bangen …

Matthäus 1,18-21; Lukas 2,1-7.41-51;
Johannes 19,25-27

Der Grabstein

„Wer wälzt uns den Stein von des Grabes Tür?"

Uns allen liegen immer wieder Steine im Weg.
Die Stolpergefahr ist groß.
Manche lassen sich aus dem Weg räumen.
Ab und an hilft uns mal jemand darüber hinweg.
Dann kommen wieder andere
und legen uns bewusst Steine in den Weg.

Wie dem auch sei:
Mit vielem werden wir fertig.
Manches überwinden wir mit Müh und Not,
aber immerhin.
Eines aber scheint unüberwindbar:
Der Schlussstein unseres Lebens –
das wird ein Grabstein sein,
und der scheint unverrückbar
wie ein Mahnmal der Endgültigkeit.

Und so ist es auch kein Wunder,
dass keine Frage die Frauen

auf dem Weg zum Grab
so sehr bewegt wie genau diese:
„Wer wälzt uns den Stein von des Grabes Tür?"

Klar ist,
selber schaffen wir das nicht.
Kein Grabstein,
kein Tod ist von uns wegzuschieben
oder zu entsorgen.
Wir brauchen Hilfe:

Der Grabstein
ist das von uns nicht zu überwindende Hindernis.
Das wissen die Frauen.
Und wir wissen es auch.
Darum ist Ostern so wichtig.
Weil es das Ende der Steinzeit bedeutet.
Weil Gott den Durchbruch schafft,
weil es einen Ausweg, einen Weg hinüber und
hinaus gibt,
weil der Tod nicht hinter uns auf ewig
die Tür zuschlagen kann
und wir eingesperrt sind in einem leeren Vergessen.

Ostern hat mit der Sprengkraft der Liebe Gottes
den Stein vor des Grabes Tür bewegt und
zum Grundstein der Hoffnung gemacht.
Deshalb wird

aus der Mitte der Nacht
der Anfang des neuen Tages.
Gott hat den Grabstein ins Rollen gebracht,
nun fängt der Tag an,
inmitten der Nacht.

Markus 16,1-4

Ostern ändert alles

Es bleibt nichts mehr,
wie es war.
Wir werden umdenken müssen.
Alles erscheint in einem anderen Licht.
Bei Osterlicht betrachtet,
dämmert uns allmählich
Gottes überraschende Initiative für das Leben,
das sich ändern kann und soll und darf.

Im Hinblick auf das Leben
schauen wir uns den Tod jetzt anders an.
Horizonterweiterung!
Die Beschränktheit wird aufgehoben.
Wir erlauben uns mehr zu glauben,
als wir jetzt sehen.
Wir gestatten uns eine neue Lebenserwartung
vor und nach dem Tode.

Wir lassen uns nicht mehr abschreiben
als auslaufendes Modell der Schöpfung.
„Morgen ist auch noch ein Tag!",
sagen wir zu denen,
die keine Hoffnung mehr haben.

Wir fangen an aufzuhören
mit dem Glauben an das Ende.

Wir treiben die Totengräber zum Tempel hinaus.
Wir erklären das Ende des Schlussverkaufs der
Hoffnung
und halten das Leben für erschwinglich,
weil Gott eine neue Filiale eröffnet
ein Stück Himmel auf Erden.

In neuem Gewand erscheint uns das Credo.
Die Farben des Regenbogens liegen im Trend.
Maßgeschneidert
hat sogar das letzte Hemd noch volle Taschen,
gefüllt mit barer Hoffnung
und Kredit auf die Ewigkeit.

Ostern ändert alles!
Das Leben hat wieder Konjunktur.
Es lacht über alle Defizite,
steckt sich eine Osterglocke ins Knopfloch
und pfeift auf den Grabgesang.

Wo wir bisher keine Töne mehr hatten,
können wir jetzt ein Lied davon singen,
ein Osterlied.
Ostern ändert alles,
für immer!

Lukas 24,1-8

Feste feiern

Feiern Sie gerne Ostern?
Ist das für Sie ein schönes Fest?
Ich habe den Eindruck,
viele Leute feiern lieber Weihnachten
oder Erntedank,
oder wenn es sein muss, sogar Konfirmation.
Aber Ostern?
Na ja,
Hauptsache, es wird bald Frühling.
Aber sonst?
Im Radio habe ich gehört,
warum Ostern so wenig Begeisterung auslöst.
Die meinten:
Weihnachten sei doch einfach romantischer mit
Geschenken
und Tannenbaum usw.

Tatsächlich ist der Osterreiseverkehr enorm.
Die Staus sind viel länger als sonst.
Ostern findet immer seltener zu Hause statt.
Nichts wie weg, heißt es für viele.
Das hat bestimmt viele Gründe.

Vor fünfzig Jahren waren Ostereier und Schokoladenhase
noch eine echte Attraktion.
Moos sammeln, Nest bauen – ein Teil unserer Kindheit.

An Ostern kam man aus der Schule,
wurde an Palmsonntag konfirmiert,
was dasselbe war,
der Ernst des Lebens fing eben mit Ostern an.

Es heißt,
dass nur noch ein Drittel der Deutschen
an die Auferstehung glaubt.
Und das, obwohl die meisten hoffen,
nach dem Tode ihre Lieben alle wiederzusehen.
Das wird nicht einfach werden.

Feiern Sie gerne Ostern?
Egal, wie wir es einschätzen,
wie viel Lust wir auf Ostern haben –
eines steht fest:
Es hängt wirklich viel daran.
Denn Ostern ist eben die Voraussetzung für unseren
ganzen Glauben.
Ohne Ostern geht gar nichts.
Wenn Christus nicht auferstanden ist,
dann braucht man auch seinen Geburtstag nicht zu
feiern.
Tote Helden gibt es schon genug.
Erst wenn Ostern ist,
kann alles andere
vorwärts und rückwärts
bedacht werden.

Deshalb hat man auch Ostern als erstes christliches
Fest festgelegt.
Nur wenn Jesus lebt,
lebt auch der Glaube,
lebt auch die Kirche.
Ohne Ostern sind wir ein Museum,
eine Grabkammer-Gesellschaft ohne Zukunft,
nur mit Vergangenheit.
Die Auferstehung ist das Urdatum für den Glauben –
oder es gibt keinen.

Jesus hat mit seiner Auferstehung
etwas ganz Einmaliges in die Welt gebracht.
Sozusagen für uns alle
eine neue Erfindung,
etwas,
was es so noch nie gab.

Es ist,
wie wenn einer das Rad erfindet,
und das Leben wird dann für alle ins Rollen gebracht.

Einer denkt sich den Strom aus –
und alle kriegen mehr Licht.

Jemand schickt erstmals Botschaften durch eine Leitung
und alle fangen an zu telefonieren.

Einer entwirft das Automobil –
und alle fahren drauf ab.

So ist es immer, wenn jemand was Neues erfindet.
Einer ist Sieger
und alle Gewinner!

1. Korinther 15,14-22

Was uns blüht

Am Ostermorgen
dämmert es uns
einleuchtend
endlich,
wovon wir
keinen blassen Schimmer
hatten bisher.

Dass die Stammbäume am Ende
doch in den Himmel wachsen.

Ab sofort
gilt es,
österliches Neuland
zu entdecken.

Auf der Stelle
wird ein neues Lebenshaus gebaut.

Betreten der Baustelle empfohlen!
Eltern hoffen für ihre Kinder!

Was jetzt so alles geschieht –
uns recht:
Hoffnungslose Fälle
fallen angenehm auf.

Wunschlos Unglückliche
vergraben nicht länger ihre Sehnsucht.

Unentschlossene
entschließen sich,
Geburtstag zu haben,
machen endlich ein Kreuz in ihrem Kalender
und kommen noch einmal
auf die Welt
und auf gute Gedanken.

Pessimisten
aus Leidenschaft
zweifeln erstmals
an sich selber.

Ausgemachte Gegner
treffen sich auf halbem Ausweg
entgegen allen Befürchtungen.

Totgeglaubtes Lachen
kommt durch die Hintertür
wieder herein,
ohne anzuklopfen.

Kein Mensch
lacht sich länger
ins Fäustchen.

Der Friede
hat alle Hände voll zu tun
und erklärt sich
von selbst.

Das Haltbarkeitsdatum
des Lebens
verfällt nicht mehr.

Faule Ausreden
kauft uns kein Mensch mehr ab.

Was uns blüht,
ist
neues Leben.

Apostelgeschichte 2,42-47

Himmelfahrt: Anhimmeln und aufsteigen

Fahrtrichtung Himmel

Absteigen will niemand.
Auf keinen Fall.
Absteiger sind Verlierer.
Und Verlierer will niemand gerne sein.
Nicht nur in der Fußballwelt.
So ist das generell und überall.
Niemand will sich mit dem Niedergang abfinden.
Niemand auf ewig Verlierer sein.
Nur Aufsteiger stehen auf,
stehen aufrecht,
stehen zu sich
auf rechter Grundlage.

Himmelfahrt
ist was für Aufsteiger.
An Himmelfahrt haben wir es
mit einem aufrechten Aufsteiger zu tun.
In seiner Gesellschaft sollen wir uns wohlfühlen
und uns aufrichten lassen.
Trotz mancher Niederlagen, die wir erleiden.
Deshalb ist Himmelfahrt ein guter Tag.
Denn Himmelfahrt ist was für Aufsteiger
und solche, die es werden wollen.

Jesus sieht auf den ersten Blick auch nicht
wie ein Gewinner aus.
Er verausgabt sich total, und es dankt ihm keiner.
Er hilft und heilt, und es ist doch nie genug.
Er redet sich um Kopf und Kragen,
und am Ende laufen alle davon.
Sie legen ihn aufs Kreuz
und er stirbt einen brutalen, einsamen Tod.
Und er schreit am Ende vor Gottverlassenheit und Angst.
So sieht kein Gewinner aus.
Meint man.
So nicht!

Dann heißt es sogar
im Glaubensbekenntnis bis heute:
„Hinabgestiegen in das Reich des Todes."
Die bitterste, die tiefste Niederlage unseres Lebens
ist das Grab.
Tiefer können wir nicht sinken.
Und jedes Mal, wenn wir auf dem Friedhof stehen
und in ein offenes Grab schauen müssen,
spüren wir das,
macht uns diese Niederlage,
dieses Verlieren stumm und klein.

Ohne Ostern,
ohne dies Auferstehen von den Toten,
ohne diese unglaubliche Überwindung

des vermeintlich Endgültigen
wäre der christliche Glaube
nicht wirklich
alltagstauglich und lebensrelevant.

Aber jetzt haben wir einen Aufsteiger,
der uns mitreißen will.

In jeder Mannschaft braucht es so einen Typen,
der die anderen aufbaut und anspornt.
Den brauchen wir
global und überall,
in jeder Gemeinde,
in jeder Familie,
in jeder Beziehung,
in jeder Kirche,
in jedem Dorf,
in jedem Land.
Ein Vorläufer mit einem vorbildlichen Kämpferherz
und mit Kondition in Sachen Glaube, Liebe, Hoffnung,
dem so schnell nicht die Luft und die Lust vergeht.

Jesus ist so ein Typ,
so ein Vorkämpfer,
so ein mitreißender Sieger.
Und er will, dass wir alle mitspielen
und in seiner großen Mannschaft unseren Platz finden.

Gott hat ihn aus dem Tod befreit,
durch die Dunkelkammer des Grabes hindurchgebracht
und an Himmelfahrt zu sich geholt,
zum himmelhohen Aufstieg verholfen.

Was an Weihnachten im Stall begann
und wie der Beginn
einer großen Niederlagenserie aussah,
das wird nach Ostern
zum Triumph des Lebens
über den Abgrund.

Seit Himmelfahrt
werden unsere Blicke zum Himmel gerichtet.
Himmelfahrt ist der Tag der offenen Tür,
der offenen Himmelstür.

Apostelgeschichte 1,9-11

Himmelwärts

Möchten Sie gerne in den Himmel kommen?
Nein, nicht gleich heute,
ich meine – überhaupt.

„Lieber Gott, mach mich fromm,
dass ich in den Himmel komm!"
So hieß doch das häufigste Abendgebet
unserer Kindheit.

Fromm sein
und in den Himmel kommen –
wer will das wirklich?

Ich habe als Kind in unserem kleinen Dorf regelmäßig
ein frommes Blättchen der Inneren Mission
ausgetragen.
Das hieß *Himmelwärts*.
Mit 12 oder 13 habe ich dann
die schmerzliche Erfahrung gemacht,
dass diese tragende Rolle zu einem Imageproblem
werden kann.
Mit dem *Himmelwärts* unterm Arm
durchs Dorf zu laufen,
das hat meine Sympathiewerte nicht gerade erhöht.
Es hat mich eher der Lächerlichkeit unter
meinesgleichen preisgegeben.

Himmelwärts schien kein gutes Motto für einen,
der erst einmal richtig in der Welt ankommen sollte.

Und doch ist der Himmel das Höchste und das Beste,
was unser christlicher Glaube als Ziel und Richtung
markiert.
Vater unser im Himmel –
er ist schon dort.
Jesus ist,
so sagen wir im Glaubensbekenntnis,
aufgefahren in den Himmel.
Und wir alle sind unterwegs dorthin.

Der Himmel als Hafen
und Fluchtpunkt
und Endstation.
Der Himmel als Ort endgültiger Geborgenheit
und Heimat.
Jenseits aller Angst und Sorge.
Aber wo sind die Anziehungskraft und der Charme
des Himmels?

Wir sind nicht die unbändigen Himmelsstürmer,
die es nicht abwarten können,
endlich von hier wegzukommen.
Und Gott weiß das offenbar sehr genau.
Er hat uns deshalb eine Brücke gebaut.
Eine Himmelsbrücke sozusagen,

um es uns ein bisschen leichter zu machen,
damit wir Heimweh nach seinem Himmel kriegen.
Er hat uns Jesus
vom Himmel hoch
heruntergeschickt
auf den Boden unserer Tatsachen,
hat sich mit uns verbunden und verbündet,
indem er einfach alles miterlebt und mit erlitten hat,
was es gibt unter dem Himmel.
Und dann hat er gesagt:
Ich gehe schon mal vor
und richte alles für euch.
Der zweite Wohnsitz ist sozusagen schon angemeldet.
Wir werden erwartet.
Wir kommen am Ende wie gerufen.
Und wenn wir kommen,
dann ist es wie im Himmel.

Johannes 14,1-3

Wer kommt eigentlich in den Himmel?

Es gibt ja Leute, die wissen das.
Die wissen das sogar ganz genau.
Weiß der Himmel, woher!
Die haben jedenfalls angeblich
Kenntnis darüber,
wer drinnen und wer draußen ist,
und sind selber natürlich gesetzt,
haben sozusagen ein Abo für den Himmel.
Aber in der Hinsicht bin ich eher vorsichtig
und möchte mich erst einmal genau erkundigen.

Darum habe ich,
um das endgültig für uns zu klären,
nicht etwa gegoogelt.
Das wäre zwar eine Möglichkeit,
führt aber nicht wirklich weiter.
Ich habe gebibelt.
Habe also in der Bibel nach Antwort gesucht.
Und da bin ich doch einigermaßen überrascht worden.
Der für diese zentrale Frage zuständige Sachbearbeiter
gibt tatsächlich eine klare Antwort.
Jesus Christus nämlich sagt:
In den Himmel kommt,
wer klein genug dafür ist.
Nicht klein im Sinne von unwichtig,
kleingemacht, kleingekriegt,

sondern
klein
im Sinne von *kindgemäß*.

Bei einer seiner Sprechstunden,
so erzählt die Bibel,
gibt es wieder einmal eine heikle Situation.
Da werden ganz viele große
und wichtige Personen bei Jesus vorstellig,
in der ersten Reihe, und wollen drankommen.
Und dahinter Mütter mit ihren Kindern.
Die wollen auch zu Jesus.
Aber die Bodyguards von Jesus,
seine Jünger nämlich,
werden auf einmal ganz böse
und wollen diese störende Zappelgesellschaft
fortschicken.
Jesus bekommt das mit und einen dicken Hals,
wird ziemlich zornig deswegen und sagt:
Lasst bitteschön die Kinder zu mir kommen
und schickt sie nicht weg,
denn sie kommen bestimmt in den Himmel.
Und überhaupt kommt nur in den Himmel,
wer sich wie so ein Kind damit ganz ohne Bedenken
beschenken lässt.

Die Himmelstür ist nämlich so gebaut,
dass nur hindurchpasst,

wer sich nicht zu sehr aufbläst
und vor Größenwahn kaum gehen kann.
Himmelstauglich ist,
wer sich als ein Kind Gottes auf Lebenszeit versteht
und gar nicht genug kriegen kann
von der zärtlichen Macht der Liebe
des himmlischen Vaters.

„Hereinspaziert!",
sagt der.
„Die Tür zu mir steht himmelweit auf."
Kinderleicht ist es
hereinzukommen.

Und wer das weiß,
ist nicht mehr arm dran,
sondern himmelreich.

Matthäus 18,1-3; 19,13-15

Himmel auf Erden

Gibt es eigentlich den Himmel auf Erden?
Ist etwas davon schon hier und heute da?
Ich frage Sie das nur für den Fall,
dass Sie ihn schon einmal hier gesucht haben.
Den Himmel.

Also ich hätte bei Weitem mehr Lust auf den Himmel,
wenn ich schon mal vorab ein bisschen Probe sitzen
könnte
hier.
Immer nur zu vertrösten und zu versprechen,
dass im Himmel einmal alles besser wird,
nur damit die Leute Ruhe geben
und sich alles hier gefallen lassen,
das haben sie lange genug ertragen müssen.
Jetzt ist es doch höchste Zeit,
um endlich einmal vom Himmel auf Erden zu sprechen
und nicht nur das –
ihn auch zu erleben.

Manchmal,
wenn man so richtig unglaublich
verliebte Leute vorbeischweben sieht,
könnte man denken,
da sei so ein Hauch von Himmel,
der sie abheben und in den siebten Himmel seufzen lässt.

Aber wir wissen alle,
wie gefährlich dieser Zustand auch ist.
Trotzdem:
Liebende wissen,
dass es den Himmel schon auf Erden gibt.
Sie sind die Himmelsspezialisten,
wenn auch bei dieser Giebelnummer extrem
absturzgefährdet.

Angefangen hat das alles damit,
dass dieser Jesus uns regelrecht
vom Himmel vor die Füße gefallen ist,
direkt heruntergekommen
auf den Boden unserer Tatsachen,
um die beiden Seiten miteinander
zusammenzubringen.
Himmelweit und erdennah
garantiert er in Gottes Namen dafür,
dass der Himmel
ab sofort
schon auf der Erde anfängt.
Nicht erst im Jenseits
und in ferner Ewigkeit,
sondern mit dem Glauben
ab sofort.
„Der Himmel ist mitten unter euch!“,
sagt er.

Es gibt ein Leben vor dem Tod,
das schon nach dem Himmel greift
und schon angezogen und angestrahlt wird
vom göttlich schönen Himmelslicht.

Johannes 14,15-19.23

Pfingsten: Begeistern und verstehen

Vielversprechend

Wie viele Sprachen gibt es wohl auf der Welt?
Sprechen Sie selber auch zwei oder sogar drei?
Haben Sie in der Schule vielleicht Englisch oder
Französisch gelernt?
Die Kinder von heute wachsen da ja
viel selbstverständlicher hinein als wir.
Man muss heute auch mehrsprachig sein,
wenn man es zu was bringen will.
Die Welt ist nämlich eine einzige Besprechung.
Erst recht seit Pfingsten ist das so.

Aber Pfingsten ist nicht etwa die Lösung des Problems,
sondern eher die exakte Beschreibung desselben.
An Pfingsten wird nicht
einfach alles einfach,
sondern ganz im Gegenteil –
es wird deutlich,
wie kompliziert es ist
mit dem Sprechen und Besprechen,
dem Hören und Verstehen.

Was ist passiert?
Gott bringt die verschüchterte kleine Schar
von Christenleuten dazu,

dass sie sich was trauen,
dass sie in die Öffentlichkeit gehen
und mitten in der Stadt mächtig Wind machen.
Und sie sprechen die Leute an
und bringen die gute Nachricht von der Macht der Liebe,
die sich in Jesus offenbart,
wortgewaltig in Umlauf.

Und siehe da,
die Menschen strömen zusammen,
dass es nur so eine Freude ist,
bunt, wie's kunterbunter nicht sein könnte.
Parther, Meder, Elamiter –
ganz aus dem Osten, wo heute der Iran liegt.
Afghanistan, wo bis heute nichts gut ist,
Verstehen und Verständigen nicht funktioniert,
genauso wenig wie in Mesopotamien,
heute dem Irak,
ganz zu schweigen von Israel selbst
und der scheinbar unmöglichen Möglichkeit
eines friedlichen Zusammenlebens von Juden und
Arabern.

Kappadozien, Pontus, Asien –
was wir heute Türkei nennen –
und ausgerechnet die alle,
die erleben Pfingsten,
das Dolmetschwunder.

Und wie kommt es dazu?
Nicht auf Englisch funktioniert Pfingsten,
diese Weltsprache ist für Jerusalem an Pfingsten
nicht die Lösung.
Die Lösung ist viel menschlicher,
also viel komplizierter,
und heißt
Muttersprache.
Will sagen:
Jeder bekommt im Vaterland des Glaubens
das Recht auf seine Muttersprache.

Wenn es drauf ankommt,
sprechen wir nämlich so,
wie uns der Schnabel gewachsen ist.
Das können wir.
Das sitzt ganz tief.
Und so ist es auch in Jerusalem.
Seit Pfingsten wissen wir,
wie viele Sprachen es gibt auf der Welt.
Nämlich exakt genauso viele,
wie es Menschen gibt,
die einfach immer ganz eigen-einzig-artig
ansprechend, aussprechend,
zusprechend, versprechend,
auch widersprechend
sprechen.
Einigkeit in Vielfalt,

das ist die größte anzunehmende Herausforderung
von Pfingsten.

Pfingsten ist der Beginn einer großen Besprechung.
Sie hat erst angefangen.
Wir üben noch.

Apostelgeschichte 2,1-11

Pfingstgebet

In meiner Muttersprache
sprich mich an,
Vater.
Dass ich verstehe,
was du mir sagst,
dass ich höre,
wie du liebst.
In meiner Sprache
sprich dich aus,
sag mir was Vielsagendes.
Und dann bring mir die fremden Sprachen bei,
die um mich herum gesprochen werden,
von meiner Frau, meinem Freund,
meinen Eltern,
meinen Kindern,
den vielen Leuten,
die mir begegnen.
Sodass wir spüren,
wie uns deine Liebe
auf der Zunge zergeht,
und wir Geschmack daran finden,
verständig zu werden,
obwohl wir so verschieden sind.

Lass uns Worte finden,
die befreien und lösen,

die groß machen
und wunderschön,
gib uns Sprechweisen der Zärtlichkeit
und des Respekts,
lehre uns den Dialekt der Hoffnung,
im Tonfall der Liebesmüh
lass uns anstimmen
klangvoll
den Geistgesang.

Das Windrad ist ein Pfingstrad

Für Thomas

Es wird eingesetzt,
um festzustellen,
was für ein Wind weht.
Und an Pfingsten
soll es bekanntlich ja
frischen Wind geben.

In geschlossenen Räumen
tut sich das Messgerät schwer –
wie man sieht,
sieht man gar nichts.
Es dreht sich im Moment,
so scheint es,
um nichts!
Da müssten wohl schon Leute kommen,
die ein bisschen Wind machen.
Dort, wo die Leute den Atem anhalten
und wo ihnen aus irgendwelchen Gründen
die Luft wegbleibt,
da bewegt sich fast gar nichts.

Es braucht aber eigentlich gar nicht viel,
und schon geht es rund.
Es reicht schon fast,

wenn die Leute auf irgendwas pfeifen
oder herzhaft seufzen.

Irgendwie muss wieder Luft rein,
wenn die Luft raus ist.
Dabei hat sich schon gezeigt,
hin und wieder,
dass sich das Pfingstrad
wesentlich schneller dreht,
sobald man mit ihm hinausgeht
vor die Kirchentür,
ins Freie,
unter die Leute.
Dort bläst einem zwar manchmal
ein rauer Wind entgegen,
aber immerhin dreht sich's dann um was,
und wir werden angetrieben
zu Begegnung und Gespräch,
Rede und Antwort.

„Die der Geist Gottes treibt,
die sind Gottes Kinder!"
Alles dreht sich nur weiter,
wenn der gute Geist Gottes
uns kräftig Leben einhaucht,
dass es endlich wieder
rund und bunt
läuft –

munter
mit Wunder
heiter
weiter –
und frischer Wind
durch alte Gemäuer
zieht.

Das ist dann eine wirklich
luftfrische Erfahrung,
die uns motivieren und in Schwung bringen kann,
um mehr oder weniger
Geistreiches zu sagen
und an uns geschehen zu lassen –
gelassen,
gelöst
und ziemlich arg
begeistert.

Römer 8,14

Trinitatis: Dreisprung und Kniefall

Nicht einfach

Trinitatis –
was für ein Fest?
Viele denken da eher an Rheumatismus,
verwechseln es mit Arthritis
oder so ähnlich.

Trinitatis.
Das ist lateinisch
und heißt
Dreifaltigkeit.

Und das meint nichts anderes,
als dass Gott
nicht einfach einfach ist,
sondern dreifach.
Nämlich Gott Vater,
Gott Sohn
und Gott Heiliger Geist.
In drei Variationen ist er zu haben.

Wie sollen wir das fassen,
wie das glauben,
wo es doch so unfassbar
und unglaublich ist?

Wir werden uns
wie immer
Eselsbrücken bauen müssen,
um zu sagen:
Es ist ungefähr so wie …

Wie wäre es
mit den drei verschiedenen Aggregatzuständen
des Wassers?
Nichts Neues, ich weiß.
Aber die Dreifaltigkeit ist ja auch schon älter.
Also: Es gibt Wasser
flüssig,
gasförmig
und gefroren.
Immer ist es Wasser,
immer aber in einer anderen Erscheinungsform.

Oder wie wäre es damit:
Gott ist wie wir,
wir sind Gott ähnlich,
nach seinem Bild entworfen –
wir sind auch nicht immer
nur einfach.
Wir haben auch
verschiedene Gesichter,
treten auch unterschiedlich auf,
geben uns mal so, mal so,

sind in der Rolle anders
als in der anderen,
zu Hause
oder im Beruf,
mit Freunden anders
als mit Fremden.

Jedenfalls:
Gott selber,
dieser Unbegreifliche und Allmächtige,
der kommt uns
ganz unterschiedlich daher.
Ist zunächst einmal der Schöpfer
und wir seine Geschöpfe.
Und dann kommt er uns in Jesus entgegen,
geht unter die Leute,
ist einer von uns.
Von der Krippe bis zum Kreuz
bleibt ihm nichts fremd,
nichts erspart,
nichts Menschliches verborgen.
Durch Jesus bekommt Gott Bodenkontakt,
wird er uns zum Freund und Heiland,
der weiß,
was Freud und Leid ist,
wie sich das anfühlt,
wenn Trauer und Schmerz
einen quälen,

der aber auch feiern und fröhlich sein kann,
sodass sie ihn sogar
einen Fresser und Weinsäufer
genannt haben.

Und dann,
als er geht,
zurück zu seinem himmlischen Vater,
da sagt er noch zum Trost,
dass er etwas von sich dalassen will,
einen Hauch seiner Anwesenheit,
nämlich den Wind,
der weht unter uns,
wenn seine Liebe unter uns
gelebt wird.
Er sagt:
„Ich schicke euch
meinen Heiligen Geist
wie eine leichte Brise,
wie ein Morgenlüftchen,
ein wohltuender Lebenshauch,
ein Odem für eure Seelen,
ein eingehauchtes Lebens-Ja,
eine Begeisterung für alles,
was ihr aus Gottes Hand bekommt,
dieses ganze Leben
vor und nach dem Tod."

Trinitatis!
Hoch soll er leben,
der dreifaltige Gott!
Dreimal hoch
und heilig!

Johannes 14,9-17

Kanzelgruß

Jeden Sonntag erklingt er.
In den verschiedenen Liturgien
kommt er vor.
Der alte Gruß des Paulus
an seine Leute in Korinth.
Er ist zu Beginn der Predigt zur stehenden Rede
geworden:
„Die Gnade unseres Herrn Jesus Christus
und die Liebe Gottes
und die Gemeinschaft des Heiligen Geistes
sei mit euch allen!"
Vielfältig dreifaltig wird zugewunken
und das Beste versprochen,
was es geben kann:
Gnade, Liebe, Gemeinschaft.

In der Protestantischen Stiftskirche
zu Landau in der Pfalz
gibt es ein seltenes, ein hoch spannendes Bild.
Es wurde in der Taufkapelle freigelegt.
Da muss man dreimal hinschauen,
so überraschend einmalig ist es.

Die Dreifaltigkeit Gottes wird dargestellt.
Und das ist so beeindruckend, denn
Jesus, Gottes Sohn, hängt da am Kreuz,

der Geist Gottes im Bild der Taube
kommt angeflogen
und Gott Vater
steht dahinter
und hält mit seinen beiden Händen
das Kreuz.
Er trägt und stabilisiert also gerade und ausgerechnet
den Augenblick,
da sein Jesus schreit:
Mein Gott, mein Gott,
warum hast du mich verlassen?

Gerade im Moment
tiefster gefühlter Gottverlassenheit
und unendlicher Einsamkeit –
gerade da
steht Gott dahinter und dabei
hält er an seinem Sohn fest.

Unglaublich,
welche Ausstrahlung,
welche Stimmung ausgeht
von diesem dreifachen Gottesbild!
Es ist zum Niederknien schön.
Ein im Leid
und in der unüberbietbaren Krise beistehender Vater,
der seinem Sohn den Rücken stärkt –
ohne dass der es ahnen kann.

Gott Vater als Kreuzhalter.
Eine Grußbotschaft
für alle,
die sich von Angst und Trauer
unheimlich umzingelt fühlen.
Ganz nah,
ganz da
steht er,
der allmächtige Gott,
zu uns.
Dreifaltigkeit als Trostbotschaft
und Kanzelgruß.
So geht Predigt!

2. Korinther 13,13

Sommerzeit: Wachsen und reifen

Der Sommer ist da

Der Sommer ist da.
Sommerzeit, Sommerwetter.
„Geh aus, mein Herz,
und suche Freud
in dieser schönen Sommerzeit …"

Wir sind gerne Sommermenschen.
Da werden wir irgendwie freundlicher und heiterer.
Wir haben weniger an
und für sich
dagegen.
Die Gesichter sind nicht so lang
und so weilig.
Die Hosen sind kürzer,
das Hemd weiter offen,
der Rockzipfel luftig
und die Schuhe ganz leicht.
So anziehend ist die Sommermodenschau.

Wenn der Sommer kommt,
gehen wir lieber aus uns heraus
und aufeinander zu
und miteinander
hin und her.

Der Sommer ist da.
Wir sind da.
Das trifft sich gut!

Der Sommer ist eine feine Zeit.
Wir spüren uns anders.
Wir sehen gut aus,
noch besser als sonst
irgendwie.

Wenn die Sonne scheint,
fällt es selbst den griesgrämigsten Miesepetern schwer,
durchzuhalten mit dem Griesgram.
Manche schaffen es trotzdem,
die sind Sommer-resistent.
Die wollen halt nicht so strahlen,
das liegt ihnen nicht,
und es wäre irgendwie auch unpassend,
aber die meisten von uns
machen ein Sommersonnen-Gesicht gerne.

In der Bibel wird ganz am Anfang gesagt,
dass Gott die Sonne macht,
um den Tag zu bestimmen.
Sonnenaufgang und Untergang als Markierung
für den Menschen
und seine Zeit und sein Tagwerk.

Und so wird die Sonne
ein Ausdruck für die verschwenderische Großzügigkeit
Gottes.
Es heißt nämlich,
dass *Er* seine Sonne aufgehen lässt
über alle seine Menschenkinder,
die Guten
und die Bösen kriegen seine Sonne ab.
Da wird kein Unterschied gemacht.
Die Sonne ist für alle da.

Und darum heißt es im Psalm zu Recht:
„Vom Aufgang der Sonne
bis zu ihrem Niedergang
sei gelobt der Name des Herrn."

Der Sommer ist da.
Gelegenheit für uns,
sommermenschlich zu sein
und Gott dankbar.

Allem Anschein nach will er immer noch,
dass wir froh und heiter leben und feiern.

Und wenn wir dann eines schönen Tages
in seinem Reich sein werden,
im Reich Gottes, dann,
so sagt die Bibel,

ist es nicht etwa zappenduster
dort, wie ja manche vermuten,
die da ganz gerne nur schwarzsehen;
sondern schon beim Propheten Jesaja steht,
dass die Sonne dann sogar noch 7 x heller scheinen
wird.
Da kann man nur hoffen,
dass es im Himmel auch
ein paar schattige Plätzchen gibt.

1. Mose 1,14-19; Matthäus 5,45; Psalm 113,3; Jesaja 30,26

Regenbogen

Autogrammstunde Gottes:
die Himmelsunterüberschrift des Schöpfers,
seine Signatur in Farbe.

„Solange die Erde steht",
sagt er,
„sollen nicht aufhören
Saat und Ernte,
Frost und Hitze,
Sommer und Winter,
Tag und Nacht."

Die Liebeserklärung des himmlischen Vaters,
über den Wolken
zu uns heruntergebeugt,
überbrückt alle Abgründe,
färbt sich verwegen
bunt
im Kuss von
Regen und Sonnenschein.

Trüb und selig,
himmelhoch und erdentief
verbiegt sie sich im Farbenband
wie mit einer Schleife
um das Geschenk der Schöpfung.

Unantastbar.
Unverfügbar.
Unbegreiflich.
Auf Biegen und Brechen
um Himmels willen
gewölbt schützend
über uns.

1. Mose 8,22; 9,12-13

Immer wieder sonntags

Ohne Sonntag
gäb's nur noch Werktage.
Der Sonntag ist ein Schatz,
ein Geschenk des Himmels.
Einmalig, wunderbar, unverwechselbar.

Trotzdem steht er auf der Liste
der bedrohten Arten und Weisen unseres Lebens
ganz weit oben.
Er verliert an Glanz und Würde.
Dabei ist er doch ein Tag wie kein anderer.

Auf dem Bauernhof meiner Kindheit war das
unübersehbar.
Ich erinnere mich ganz genau.
Vor allem sonntags.
Weil es schon anfing, bevor er begann.
Denn das hat man schon am Samstag gemerkt,
spätestens wenn im Dorf um drei Uhr am Nachmittag
vom Kirchturm der Sonntag eingeläutet wurde.
Eine heilsame Unterbrechung kündigte sich an.
Und alle wussten, was jetzt zu tun war.
Da mischte sich der betörende Geruch
von Bohnerwachs und Streuselkuchen
im Treppenhaus.
Irgendwie schien die Welt

für einen Moment zumindest
angehalten.
Futter für zwei Tage wurde rangekarrt.
Gass' und Hof wurden gekehrt,
das Hoftor geschlossen.
Die ganze Mannschaft am Abend gebadet,
gemeinsam ferngesehen.
So etwas gab es nur am Vorabend,
wenn der Sonntag kam.

Und am Sonntagmorgen dann
wurden wir Kinder in Sonntagskleider gesteckt.
Die Sonntagsschuhe waren beste Weglaufsperren,
denn sie drückten gewaltig
und ließen Herumtoben gar nicht erst zu.
Nach dem unantastbaren Sonntagskodex
durften wir uns
auf keinen Fall schmutzig machen,
zumindest nicht vor dem gemeinsamen Kirchgang.
Und der wurde wie ein allgemeines Feststellen
der Vollzähligkeit gewertet.
War eine Familie nicht vertreten,
so stand sie unter dem Verdacht
über Nacht nach Amerika ausgewandert zu sein.

In der Kirche lief immer alles gleich ab.
Und genau darauf kam es auch an.
Der Pfarrherr war würdig und recht,

die Institution zur wöchentlichen Bestätigung,
dass wirklich und wahrhaftig
alles so blieb,
wie es war.

Männer und Frauen,
Kinder und Presbyter
saßen jeweils getrennt.
Die meisten schliefen
und genossen die Ruhe,
die Jungs und Mädels flirteten
und ritzten Namen und Herzen
und schoben damit den ersten Kuss
auf die lange Kirchenbank.

Auf dem Heimweg wurde getratscht und gelacht,
und bis man zu Hause war, wusste man alles,
was wichtig sein konnte.
Und das war nicht wirklich sehr viel.

Bald roch man auch schon den Sonntagsbraten,
Rotkohl und Kartoffeln gab es dazu.
Und nach dem Spülen und Kehren und kurzen
Verweilen
wurden wir Kinder
zum unvermeidlichen Sonntagsspaziergang aufgestellt.
Einer einzigartigen Art,
sich fortzubewegen,

ohne wirklich vorwärtszukommen.
Wir sind dabei immer nur beinahe
dem völligen Stillstand entgangen.
Wir sind nie wirklich weit gekommen,
schon gar nicht bis zum versprochenen Ziel,
wo es angeblich ein Eis
oder eine Limonade gegeben hätte.
Aber wir waren spaziert,
durch Feld, Wald und Wiesen,
und zu Hause wartete die Oma schon
mit dem guten Marmorkuchen
und dem duftenden Bohnenkaffee.

Und wenn es dann am Abend
so merkwürdig melancholisch still wurde im Haus,
haben alle gemerkt,
wie schnell doch die Zeit verging,
weil ja morgen schon wieder Montag war.
Denn alle Tage ist kein Sonntag.

So war es und so bleibt es.
Der Sonntag ist
ein konkurrenzlos einmaliger Tag des *Herrn*.
Lasst uns auf ihn achtgeben,
auf den
Seelensonntag
in Gottes Namen.

2. Mose 20,8-11

Erntedank: Ernten und danken

Gott sei Dank

Erntedank ist einfach schön!
Es wird gefeiert – landauf, landab.
Es ist irgendwie unumstritten.
Einleuchtend ist es auch,
es feiert sich gut.
Da weiß man, was sich tut.
Es ist ja auch mit das Erste gewesen,
was man uns beigebracht hat:
Und, wie sagt man?
Danke!
Na bitte!
So einfach ist das.

Danke sagen,
das gehört zu unseren elementarsten Lektionen,
die wir gelernt haben.
Und wer es nicht von klein auf geübt hat,
der tut sich ein Leben lang damit schwer.
Was Hänschen nicht lernt,
dankt Hans nimmermehr.

Auch danken will also gelernt sein.
Vor allem gegenüber Gott.
Und deshalb, glaube ich,

hat der auch seine Freude an diesem Fest.
Ja, ich bin fest davon überzeugt,
dass es kaum eine Feierlichkeit gibt,
die im Himmel so viel Begeisterung auslöst,
wie Erntedank.
Da kommt endlich mal das Geschöpf auf den Punkt
und dankt seinem Schöpfer,
wie es sich gehört.
Doch, ich glaube,
dass im Himmel das Erntedankfest richtig beliebt ist.
Endlich machen wir Menschen einmal was richtig.
Wir schmücken den Altar,
wir kommen zahlreich zum Gottesdienst,
wir singen die alten Lieder,
die nur zu diesem Tag wunderbar passen und klingen,
durch die Jahrhunderte schön,
und wir sind in unserem Glauben endlich einmal
eindeutig
und wissen:
Wir haben uns
und alles,
was wir ernten,
zu verdanken.

„Alle guten Gaben, alles, was wir haben,
kommt, oh Gott, von dir,
wir danken dir dafür."
Das Dankgebet kommt beim Erntedank

endlich einmal auf den Tisch,
als Tischgebet,
das sich einen Reim darauf macht,
wer wir sind
und wovon wir leben.

Psalm 65,10-14

Dankstelle

An Erntedank
wird aufgetischt.
Wir schmücken den Altar.
Und setzen uns an den gedeckten Tisch.
Wir sind die Kostgänger Gottes
mit unstillbarem Hunger nach Leben
und einfach nimmersatt.
Es ist genug für alle da.
Eigentlich.
Niemand müsste verhungern.
Leib-Speise für alle,
Brot für die Welt,
ohne jemanden abzuspeisen.
Der Tisch des *Herrn*
ist voller Überfluss
und bietet Platz für jeden,
der sich einladen lässt
vom Gastgeber,
der sagt:
Kommt, es ist alles bereit.
Der Glaube ist keine brotlose Kunst.
Schmeckt und seht.
Der Appetit kommt beim Essen.
Brot des Lebens,
Gnadenbrot,
davon können sich alle eine Scheibe abschneiden.

Wir erheben den Kelch der Hoffnung
und stoßen miteinander an.
Und alle bekommen ein bisschen, einen Bissen.
Und für alle gibt es gleich viel.
Und nichts wird einander aufs Brot geschmiert.
Reiner Wein wird eingeschenkt
und das ist Proviant fürs Leben.
Mahlzeit!
Mahnzeit!

Johannes 6,1-13; Lukas 22,19-20

Reformationstag: Dazu stehen und bekennen

Standpunkt

In Landau steht er auch.
Und kann nicht anders.
Direkt vor der Stiftskirche.
Überlebensgroß.
Sehr mächtig und prächtig:
Martin Luther.
Imposante Gestalt.
Er steht da
mitten im Weg,
wie ein Fels in der Brandung.
Hat seine Bibel aufgeschlagen
an der Stelle, wo es heißt:
„Was hülfe es dem Menschen,
wenn er die ganze Welt gewönne
und nähme doch Schaden an seiner Seele?"
Alleine schon wegen dieser
unnachahmlich wunderbar klingenden Sprache
gebührt ihm Respekt.

Lutherdeutsch, das ist
ein Stück unserer Kultur.
Was wäre zum Beispiel ein Heiligabend-Gottesdienst
ohne die Weihnachtsgeschichte nach Lukas 2
mit dem wohlvertrauten

„Es begab sich aber zu der Zeit ...“?
Unsere Glaubensworte sind sehr stark von ihm
geliehen.
Martin Luther hat uns die Vokabeln für die Sprache des
Glaubens
geformt und dabei, wie es so schön heißt,
„dem Volk aufs Maul geschaut“.
Er steht zu Recht als Vorbild bis heute
mitten unterm Volk.

Öfters habe ich beobachtet,
wie zu später Stunde
so mancher fröhliche Zecher
auf seinem Heimweg vor ihm stehen geblieben ist
und sich ins Gespräch verwickeln ließ.
Und während den vorbeischwankenden Zeitgenossen
oftmals das Stehvermögen ziemlich abhanden
gekommen war,
stand und steht er immer noch da
wie eine Eins
und lässt sich nicht erschüttern.

Wenn ich ihn sehe,
denke ich immer,
wie es sein muss,
wenn einer zu seiner Sache steht,
Position einnimmt,
seinen Standpunkt verteidigt.

Das hat doch was.

Das ist reformatorisch.

„Hier stehe ich,

ich kann nicht anders!

Gott helfe mir.

Amen!",

soll er gesagt haben,

als man ihn abbringen wollte

von seinem Weg des Widerspruchs

gegen alle weltliche und kirchliche Allmacht.

Hier stehe ich!

Heute am Reformationstag

ist eine gute Gelegenheit,

wieder einmal unseren Standpunkt zu suchen

und zu überprüfen:

Wo stehe ich,

wozu stehe ich,

wie stehe ich zu mir,

zu dir,

zu meinem Gott,

zu meiner Kirche,

zu meinen Idealen,

zu meinem Glauben

und zu meinem Zweifel?

Wie stehe ich da?

Bin ich erkennbar in meiner Haltung?

Wie standfest und standhaft bin ich?

Martin Luther steht in Landau
und überall in der Welt gerade
für den aufrechten Gang eines Christenmenschen,
der niemandem untertan ist
außer seinem Gott.

Und das steht ihm gut
bis heute.

Matthäus 16,26; 1. Korinther 7,23

Fürchtet euch ehrfürchtig!

Der Mensch will sich hin und wieder
fürchten und erschrecken.
Früher hat die Kirche dieses Bedürfnis konkurrenzlos
bedient. Mehr als genug.
Da wurde den Leuten ordentlich eingeheizt,
sie sollten erschrecken
und dann ganz brav tun,
was ihnen die Kirche vorschrieb.
Man hat so lange nicht abgelassen von ihnen,
bis sie bereit waren, sich freizukaufen,
immer wieder.
Die Macht und die Ohnmacht waren
unterm Kirchendach zu Hause.

Martin Luther hätte nicht so einen Aufstand
angezettelt,
wenn nicht so viele Angst vor dem Verlust ihrer Macht
über die große Schar der zitternden Gläubigen gehabt
hätten.

„Wenn das Geld im Kasten klingt,
die Seele in den Himmel springt!"
Der erfolgreichste Werbeslogan aller Zeiten
und der menschenfeindlichste
und gottloseste zugleich.
Dieses Sponsoring spottete jeder Beschreibung.

Da hat sich,
Martin Luther sei Dank,
doch vieles geändert.
Wer in die Kirche kommt,
muss sich heute nicht mehr fürchten.
Er ist freundlich eingeladen, zu glauben
und sich ganz Gottes Gnade anzuvertrauen.
Seitdem sich das einigermaßen herumgesprochen hat,
haben wir allerdings sozusagen
fortlaufenden
Erfolg.
Die Leute strömen jetzt
nicht etwa dankbar jubilierend herein
zu den Gottesdiensten,
tanzen und singen und lobpreisen nicht massenhaft,
sondern lassen zunehmend Gott
einen guten Mann sein
und kümmern sich ohne ihn
um ihren Kummer.

Das Ende der Furcht
hat komischerweise nicht nachhaltig
zu mehr Kirchenbegeisterung geführt.
Eher ist die Kirche kaum noch der Rede wert
und irgendwie ohne Charme und Anziehungskraft.
War also die Abschaffung des Ablasshandels
doch ein strategischer Fehler?
Um Himmels willen: Nein!

Aber womöglich die zu dramatische Entwarnung,
was Furcht und Zittern vor Gott betrifft.
Da könnten wir übers Ziel hinausgeschossen sein.
Und zwar sehr weit sogar.

Wir haben es uns völlig abgewöhnt,
dass der christliche Glaube tatsächlich auch
eine ernste Angelegenheit sein könnte,
bei der es um was geht,
um viel geht,
um alles geht,
um Tod und Leben geht.
Wir haben den lieben Gott in der Tat verniedlicht,
zum lieben Gott gemacht.
Wir haben ihn zum Schleuderpreis
auf den Markt der Möglichkeiten gebracht,
betörend harmlos und kuschelweich,
auf Ewigkeit hin betörend harmlos.

Dass uns die Bibel von einem Gott berichtet,
der ein gewaltiger Schöpfer ist,
ein zorniger Herr unser Herrscher,
ein eifersüchtiger Liebhaber seiner Menschen,
ein gewaltiger Dreinschläger auch,
der die Mächtigen von ihrem Thron stoßen kann,
dass es in seiner Nähe unerträglich und unheimlich ist,
dass man wie Mose heiße Füße kriegt
und es einem die Schuhe auszieht,

dass es immerzu,
wenn Menschen seine Gottesnähe erfahren,
zuerst heißt:
„Fürchtet euch nicht!" –
selbst an Weihnachten,
erst recht an Ostern,
also selbst wenn es eine große Freude auszurichten gilt –,
das alles haben wir fast vergessen.

„Wie bekomme ich einen *gnädigen Gott?*"
Diese Frage hat bei Martin Luther noch
Furcht und Zittern ausgelöst.
Verzweifelt hat er gesucht nach einer Antwort,
wie es gehen könnte, gut gehen könnte,
dass man vor Gott bestehen kann,
als sündiger Mensch.
Bis er das Geschenk der Gnade entdeckt hat,
sola gratia.

Gnade uns Gott,
wenn wir
die Ehrfurcht
davor
verlieren.

Lukas 1,46-55; 1. Mose 3,1-6; Lukas 2,10; Matthäus 28,5

178

Buß- und Bettag: Büßen und beten

Verlustanzeige

Sie haben ihn uns weggenommen.
Vor fast zwanzig Jahren schon.
Und wir waren gar nicht richtig dagegen,
haben es sozusagen
mehr oder weniger billigend in Kauf genommen.
Weil er uns nicht genug wert war.
Und schon war's passiert.
Und passiert ist es uns deshalb,
weil wir mit dem Buß- und Bettag
irgendwie auf dem Unterhaltungsmarkt
nicht so gut anzukommen glaubten.
Die Einschaltquote war ziemlich mies.
Und da wir als Kirche möglichst vielen gefallen wollen,
damit uns nicht immer mehr Leute weglaufen
oder zumindest den Rücken zudrehen,
glaubten wir mit diesem Tag keine gute Imagepflege
betreiben zu können.
So auf Schmusekurs eingestellt,
um ja niemanden zu erschrecken,
brauchten wir keinen Buß- und Bettag mehr.
Wir haben es uns völlig abgewöhnt,
dass der christliche Glaube tatsächlich
eine ernste Angelegenheit sein könnte.

Wir haben alle in den Unschuldsschlaf gesäuselt,
haben Gott zur Nullnummer gemacht,
der völlig ohne Ansprüche froh ist,
wenn man ihn in Ruhe lässt
und er im Himmel auf und ab gehen kann,
sich mit den wenigen Freunden zum Manna trifft
und sich mit seinem Sohn über himmelweite
Unterschiede unterhält.

Unser Gottesbild, das wir in Umlauf gebracht haben,
strotzt nur so vor Belanglosigkeit.
Warum sollte jetzt auf einmal jemand denken,
es wäre womöglich lebenswichtig und entscheidend,
sich mit ihm zu befassen?

Da haben wir all die Jahre ohne Furcht und Zittern
einfach den lieben Gott
auf seine Großherzigkeit festgelegt,
seine unendliche Güte im Abonnement vernascht,
was seine Nachsicht betrifft,
keine Rücksicht genommen,
ständig das Sündenkonto überzogen
und einfach vorausgesetzt,
dass er's schon richten wird, ohne zu richten,
dass er uns alles nachsieht, ohne genau hinzusehen,
dass er am Ende doch eben gar nicht anders kann,
als uns – du meine gute Güte – gnädig zu sein.

Aber: Es ist nicht so billig, wie wir dachten.
Es kostet was.
Alleine schon deshalb,
weil es einen das Leben gekostet hat.
Der Preis ist heiß.
Wir sind teuer erkauft.

Wir brauchen den Buß- und Bettag
als Institut der wiederkehrenden Besinnung
auf unsere Gesinnung,
dass wir mutiger bekennen,
treuer beten,
fröhlicher glauben
und brennender lieben lernen.

Was wir brauchen, ist eine neue Zeit der Ehrfurcht,
die Gott fürchtet und ehrt,
wie einen, den man ernst nimmt
und darum liebt.

1. Korinther 6,20; Johannes 1,29

Buße tun?

Buße tun?
Wieso eigentlich?
Und wofür überhaupt?

Buße tun,
deswegen und dafür!
Unter anderem:

Für das Lächeln,
das verächtliche,
du weißt schon wie …

Für das Stirnrunzeln,
das neunmalkluge,
du weißt schon wann …

Für die zwei verschlossenen Ohren,
die gehörig verstopften.
Du ahnst schon was …

Für den Geschmack,
auf den man kommen kann,
ich weiß nicht wie,
wenn es sich auf Kosten anderer
gut leben lässt …

Für das eine Wort,
zuviel –
du weißt schon,
ich weiß es auch.

Für den Moment,
den falschen,
der Himmel weiß warum …

Für die Verletzung,
die lebensgefährliche.
Niemand weiß das besser!

Für die Härte,
die gnadenlose,
wer weiß, wie oft …

Für die kalte Schulter,
die gezeigte,
wer weiß,
wie tief gefroren …

Für die Fluchten,
die gejagten,
Ich weiß von nichts!

Für dieses Grinsen,
das breite.

Ich weiß etwas,
was du nicht weißt ...

Für das Vertrösten,
das billige.
Wie man weiß ...

Buße tun
wofür?
Dafür!

Herr,
vergib uns!
Denn wir wissen doch,
was wir tun!

Lukas 23,32-43; 19,1-10

Am Ende des Kirchenjahres:
Trauern und trauen

Allerheiligen

Allerheiligen ist heute.
Viele Leute werden heute auf den Friedhof gehen.
Die Gräber unserer Verstorbenen sind uns wichtig.
Wir brauchen diesen Ort.
Da hat unsere Trauer ihren Platz.
Viele Trauernde,
die einen lieben Menschen verloren haben,
besuchen das Grab,
lange Zeit,
manchmal mehrmals täglich,
um zu reden und zu weinen
und um die Nähe
zu dem geliebten Menschen zu spüren,
der doch so weit weg ist.
Unsere Friedhöfe sind noch immer
einer der zentralsten Treffpunkte.
Wer regelmäßig zu einem Grab geht,
lernt Menschen kennen,
trauernde Gefährten,
die wenig sagen und viel verstehen.

Unsere Friedhöfe sind außerdem
die schönsten Gärten weit und breit.

Und das hat seinen Grund und seinen Sinn.
Wir pflegen die Verbindung,
die Erinnerung.
Unsere Liebe,
die zur Trauer geworden ist,
will und kann sich hier äußern
im Hegen und Pflegen,
will mit Blumen und Pflanzen das Andenken
schmücken.
Unsere Trauerkultur ist immer auch ein Spiegel unserer
Gemeinschaft.
Und so lange wir noch zu den Gräbern gehen,
sind wir noch verwurzelt und verbunden
im Kommen und Gehen der Generationen.

Jesus selbst hat den Friedhof
und seine Pflege geradezu geadelt.
Es ist eine kleine Begebenheit
im Johannesevangelium,
aber ganz beeindruckend,
wie ich finde.
Am Ostermorgen kommen die Frauen zum Grab.
Auch hier ging es um Trauerkultur
und um das Erweisen der letzten Ehre für den
Verstorbenen.
Aber er ist nicht tot.
Er lebt.
Und er erscheint der Maria von Magdala.

Sie hält ihn für den Gärtner
und fragt:
„Wo hast du ihn hingetragen?"
Und erst,
als Jesus sie bei ihrem Namen nennt,
„Maria" sagt,
da erkennt sie ihn
und wird zur Botschafterin des neuen Lebens.

Jesus als Gärtner
auf dem Friedhof.
Eine wunderschöne Vorstellung.
Eine tröstliche auch.
Er ist dabei,
wenn Leute an ihren Gräbern stehen
und sich fragen,
wohin sie gebracht wurden,
die geliebten Menschen.
Jesus, der Gärtner
im Gottesacker.
Er steht da und sagt,
dass niemand verloren gehen soll,
dass alle bis in den Himmel wachsen dürfen,
weil das Grab zum Beet des neuen Lebens wird.
Für alle
an Allerheiligen.

Johannes 20,11-16

Ausgang und Eingang

Der Letzte macht bekanntlich
das Licht aus.
Landauf, landab
wird am letzten Sonntag im Kirchenjahr
in den evangelischen Kirchen
der Verstorbenen gedacht.
Viele Gemeinden laden sogar ganz bewusst
die trauernden Angehörigen zum Gottesdienst ein.
Es werden Namen verlesen,
Kerzen angezündet
und viele Tränen vergossen.
Was für ein Sonntag!
Er nimmt ernst und er nimmt wahr,
dass wir endlich sind,
wie das Jahr,
wie das Grün,
wie das Blatt im Wind.
Nichts ist unbegrenzt.
Nichts endlos. Nichts unsterblich.

Der Tod ist Teil des Lebenskreises.
Und er nimmt sich seinen Platz,
er behauptet seine Bedeutsamkeit.
Manchmal brutal,
manchmal friedlich,
immer schmerzhaft.

Wir stellen uns diesem Ende.
Wir schauen es an.
Wir geben ihm sein Recht und seinen Platz.

Aber nicht ohne Protest.
Nicht ohne Einspruch.
Nicht ohne etwas dagegenzusetzen.
Dieser besondere Sonntag
hat nämlich nicht nur
den einen Namen.
Er heißt nämlich nicht nur Totensonntag,
sondern auch Ewigkeitssonntag.

Was für ein zweiter Name!
Er benennt das größte Geheimnis
unseres Lebens und Sterbens.
Es gibt mehr, als es gibt.
Wir sind mehr, als wir sind.
Es ist nicht mit uns aus,
wenn es aus ist.
Wir sind unterwegs
von der Zeit in die Ewigkeit.
Und wir sind keine verlorenen Waisenkinder,
die am Ende in ein leeres Vergessen fallen,
in ein dunkles Niemandsland des Todes.

Wir sind Kandidaten der Ewigkeit Gottes,
wir werden erwartet auf der anderen Seite.

Jesus steht dafür ein und hat versprochen,
uns schon mal eine Wohnung einzurichten.
„In meines Vaters Hause sind viele Wohnungen!",
sagt er.
Und: „Ich gehe hin, euch einen Platz vorzubereiten."
Unser zweiter Wohnsitz ist im Himmel schon gebucht.
Wenn wir umziehen müssen,
dann nicht in die Obdachlosigkeit.

Gott hat ein Zimmer frei für uns.
Und die, die schon dort wohnen,
erwarten uns.

Wenn schon nicht für immer hier,
dann wenigstens ewig dort.
Darum zwei Namen für diesen Sonntag.
Zwei Wirklichkeiten
für die eine Wahrheit.
Wer's glaubt, wird selig.
Ewig.

Johannes 14,1-3

Zwiegespräch mit dem rätselhaften Gott

Für Hans

Unter deinem Dach der Hoffnung
suche ich Unterschlupf
für den elendig langen Moment der
zu Tode erschrockenen Seele.

An der Grenze des Erträglichen
überspringe ich meinen zittrigen Zagegeist
und stürze mich aus dem Verderben
in deine unglaublich ferne Nähe.

Ausweglos und himmelangst
bin ich auf mich geworfen
ins leidvolle Selbst.

Und doch scheint mir aus dem
Hinterhof meiner Hoffnung
ein Schimmer deines wärmenden
Zutrauens herein.

In Gewahrsam genommen
von dir und deiner Rätselhaft,
fass' ich Fuß auf unwegsamem
Gelände der Angst
fortwährend zweifelsvoller Liebesmüh.

Komm mir nicht näher
und bleib nicht so fern
und nimm mich
zwischen deine
unbegreiflich handelnden Hände
nur so fest,
dass ich doch stehen kann
zu mir.

Psalm 18,2-7.17-20.47

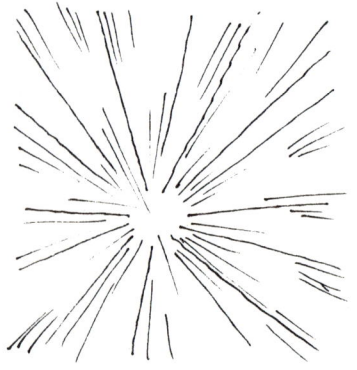